大きな文字で
わかりやすい

小学生で習う漢字1026字

3年
200字

この漢字の本は、小学校で学ぶ漢字1026字を大きなわかりやすい文字で掲載し、形や読み、使い方が覚えやすいように配慮した漢字の見本帳です。

1年～6年の各学年の配当別に漢字を紹介する巻と、索引巻の全7巻構成です。

漢字の本の引き方

本書の漢字は、音読みの五十音順に掲載しています。ページ内の読みの掲載順は、訓読みを先、音読みを後にしています。これは、訓読みのほうが和語で漢字の意味がわかりやすく、覚えやすいという配慮からです。引きにくいかもしれませんが、ご了承ください。

漢字の掲載巻・掲載ページにたどりつけないときは、索引巻の中の「音訓索引」を参照してください。

ページの見方

ページ番号

習う学年

大きく表示された漢字

漢字を構成するパーツ

丸数字は書く順番を示しています。

読み

訓読みは、ひらがな（送り仮名は「-」以下の細い字）で示しています。音読みは、カタカナで示しています。

用例

その漢字を使った言葉や文を示しています。用例の読みが促音化したり連濁した箇所には「＊」を付けました。ことわざや難しい熟語には意味を掲載しています。

漢字の大元《おおもと》の意味

漢字に音読みしかない場合には、どんなときに使う漢字かイメージしやすいように、その漢字のもつ大元の意味を掲載しました。

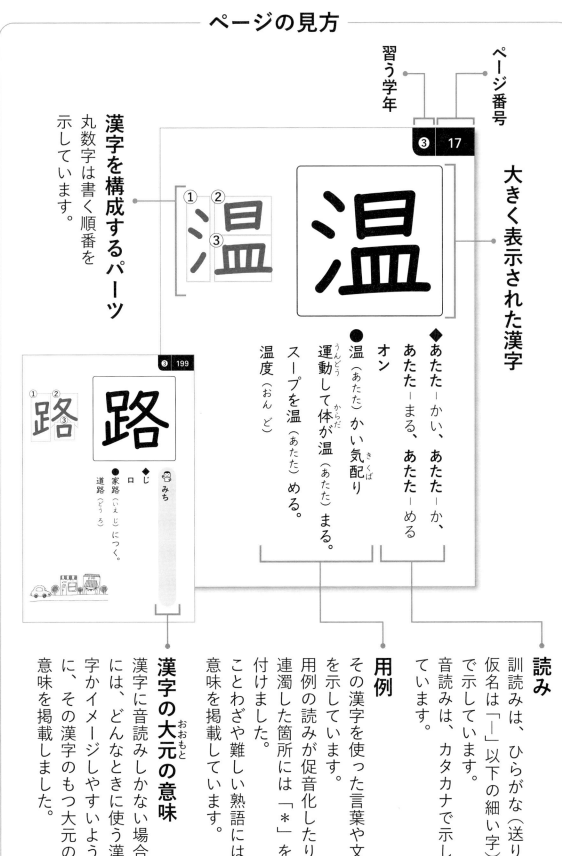

3年 もくじ

悪 ……… 1
安 ……… 2
暗 ……… 3
医 ……… 4
委 ……… 5
意 ……… 6
育 ……… 7
員 ……… 8
院 ……… 9
飲 …… 10
運 …… 11
泳 …… 12
駅 …… 13
央 …… 14
横 …… 15
屋 …… 16
温 …… 17
化 …… 18
荷 …… 19
界 …… 20
開 …… 21
階 …… 22
寒 …… 23
感 …… 24
漢 …… 25
館 …… 26
岸 …… 27
起 …… 28
期 …… 29
客 …… 30
究 …… 31
急 …… 32
級 …… 33
宮 …… 34
球 …… 35
去 …… 36
橋 …… 37
業 …… 38
曲 …… 39
局 …… 40
銀 …… 41
区 …… 42
苦 …… 43
具 …… 44
君 …… 45
係 …… 46
軽 …… 47
血 …… 48
決 …… 49
研 …… 50
県 …… 51
庫 …… 52
湖 …… 53
向 …… 54
幸 …… 55
港 …… 56
号 …… 57
根 …… 58
祭 …… 59

皿 …… 60
仕 …… 61
死 …… 62
使 …… 63
始 …… 64
指 …… 65
歯 …… 66
詩 …… 67
次 …… 68
事 …… 69
持 …… 70
式 …… 71
実 …… 72
写 …… 73
者 …… 74
主 …… 75
守 …… 76
取 …… 77
酒 …… 78
受 …… 79
州 …… 80
拾 …… 81
終 …… 82
習 …… 83
集 …… 84
住 …… 85
重 …… 86
宿 …… 87
所 …… 88
暑 …… 89
助 …… 90
昭 …… 91
消 …… 92
商 …… 93
章 …… 94
勝 …… 95
乗 …… 96
植 …… 97
申 …… 98
身 …… 99
神 …… 100
真 …… 101
深 …… 102
進 …… 103
世 …… 104
整 …… 105
昔 …… 106
全 …… 107
相 …… 108
送 …… 109
想 …… 110
息 …… 111
速 …… 112
族 …… 113
他 …… 114
打 …… 115
対 …… 116
待 …… 117
代 …… 118
第 …… 119
題 …… 120
炭 …… 121
短 …… 122

談 …… 123
着 …… 124
注 …… 125
柱 …… 126
丁 …… 127
帳 …… 128
調 …… 129
追 …… 130
定 …… 131
庭 …… 132
笛 …… 133
鉄 …… 134
転 …… 135
都 …… 136
度 …… 137
投 …… 138
豆 …… 139
島 …… 140
湯 …… 141
登 …… 142
等 …… 143
動 …… 144
童 …… 145
農 …… 146
波 …… 147
配 …… 148
倍 …… 149
箱 …… 150
畑 …… 151
発 …… 152
反 …… 153
坂 …… 154
板 …… 155
皮 …… 156
悲 …… 157
美 …… 158
鼻 …… 159
筆 …… 160
氷 …… 161
表 …… 162
秒 …… 163
病 …… 164
品 …… 165
負 …… 166
部 …… 167
服 …… 168
福 …… 169
物 …… 170
平 …… 171
返 …… 172
勉 …… 173
放 …… 174
味 …… 175
命 …… 176
面 …… 177
問 …… 178
役 …… 179
薬 …… 180
由 …… 181
油 …… 182
有 …… 183
遊 …… 184
予 …… 185

羊 …… 186
洋 …… 187
葉 …… 188
陽 …… 189
様 …… 190
落 …… 191
流 …… 192
旅 …… 193
両 …… 194
緑 …… 195
礼 …… 196
列 …… 197
練 …… 198
路 …… 199
和 …… 200

悪

① 亜

② 心

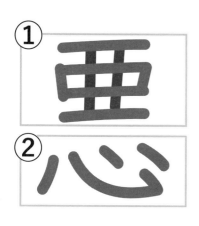

◆わる－い

アク、オ

●体《からだ》の調子《ちょうし》が悪（わる）い。

悪人（あく にん）

かぜをひいて悪寒（お かん）がする。

悪寒＝体《からだ》がゾクゾクして寒《さむ》けがすること。

安

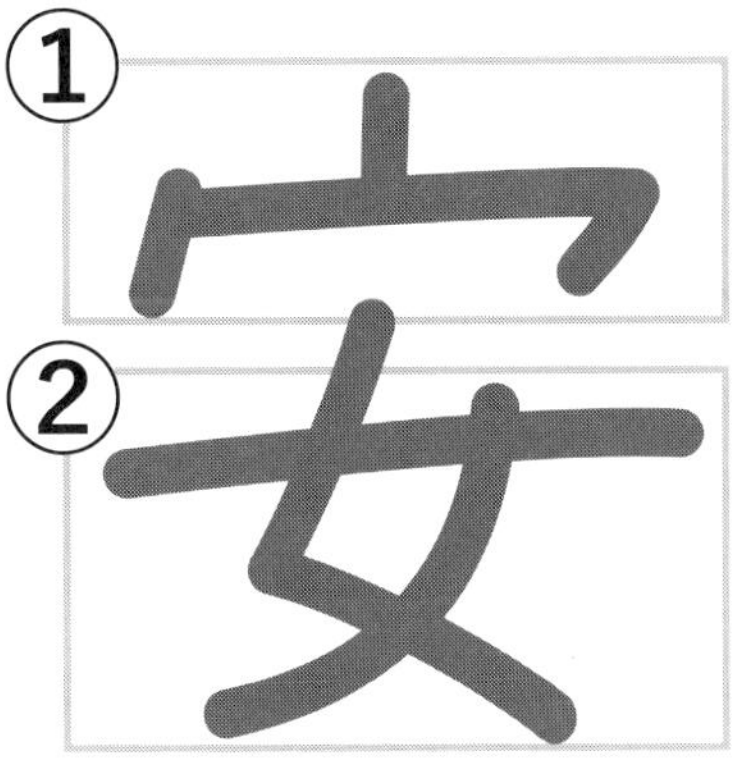

◆やす-い

アン

●値段《ねだん》が安（やす）い。

安心（あんしん）する。

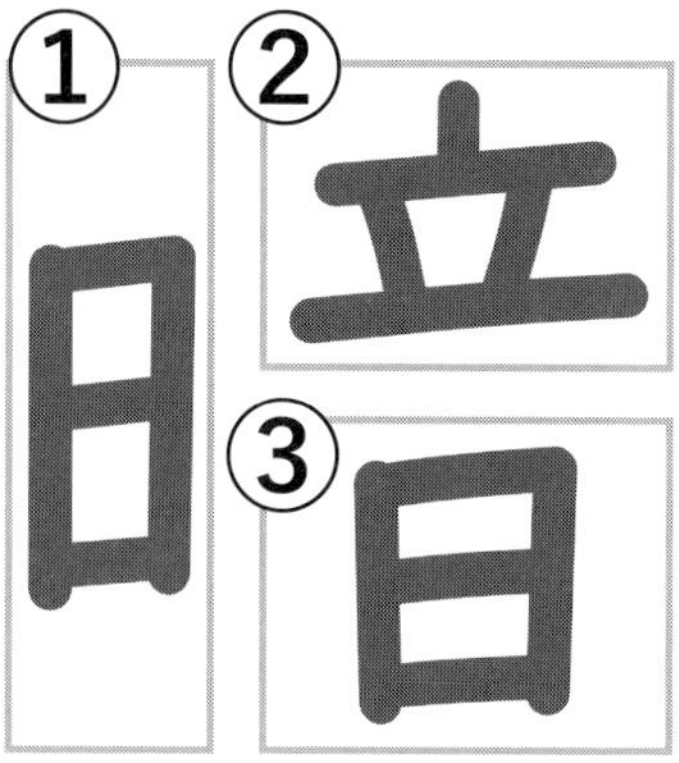

暗

◆くら−い
アン

●部屋《へや》が暗（くら）い。
英単語《えいたんご》を暗記（あんき）する。

医

① ②

◆ ―

イ

●医学（いがく）

医者（いしゃ）を目指《めざ》す。

病気《びょうき》を治《なお》す／いやす

委

① 禾
② 女

◆ゆだ－ねる

イ

●リーダーの判断《はんだん》に委（ゆだ）ねる。

手《て》続《つづ》きを委任（いにん）する。

委任＝信用《しんよう》できる人《ひと》に仕事《しごと》などを任《まか》せること。

委員（いいん）に選《えら》ばれる。

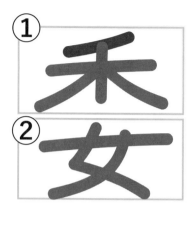

意

◆ ——

イ

●意見（いけん）がある。

意志（いし）が強《つよ》い。

意志＝目的《もくてき》がはっきりした考《かんが》え。

心《こころ》の中《なか》で思《おも》う

育

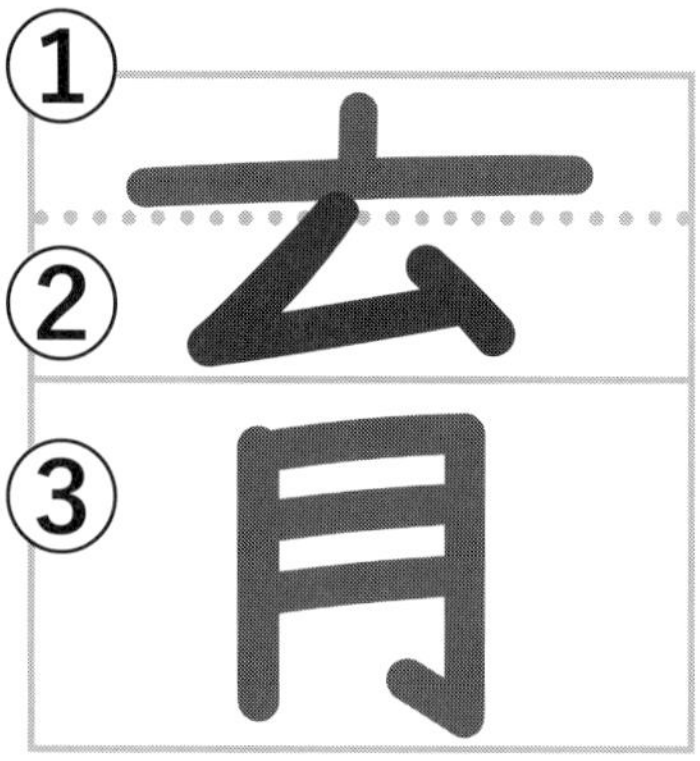

◆そだ－つ、そだ－てる
はぐく－む
イク

●植物《しょくぶつ》が育（そだ）つ。
子《こ》どもを育（そだ）てる。
心《こころ》を育（はぐく）む。
教育（きょう　いく）

員

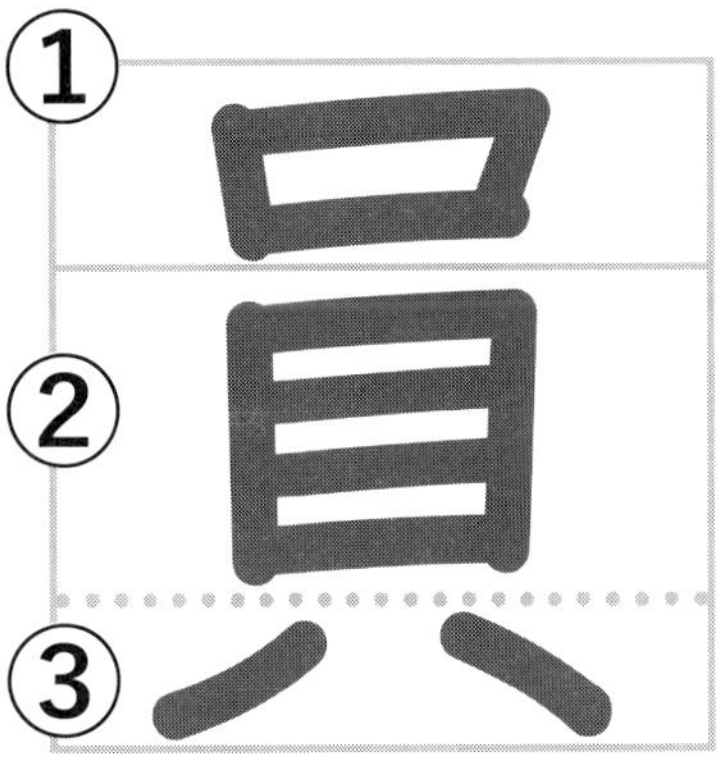

◆ ——

イン

● 社員（しゃ いん）

全員（ぜん いん）が集《あつ》まった。

人《ひと》の数《かず》／係《かかり》の人《ひと》

院

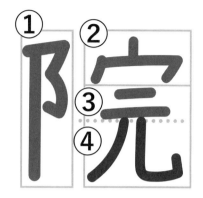

かきねをめぐらした建物《たてもの》

◆ ―

イン

●寺院（じいん）

病院（びょういん）に行《い》く。

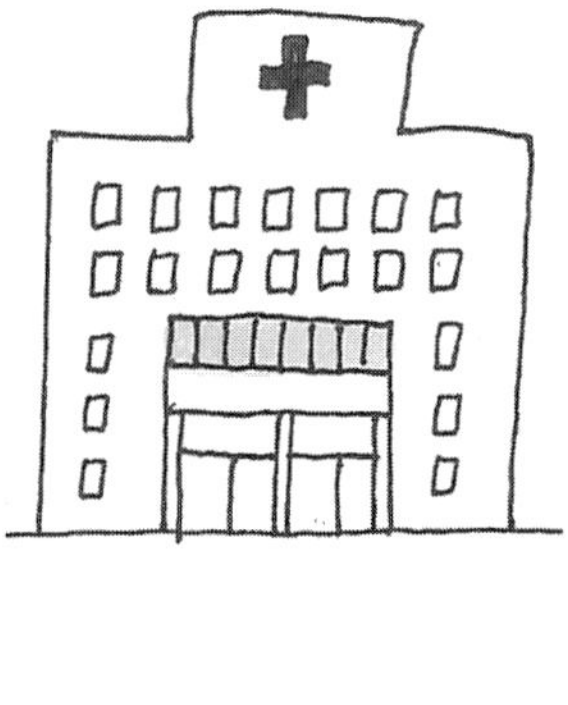

飲

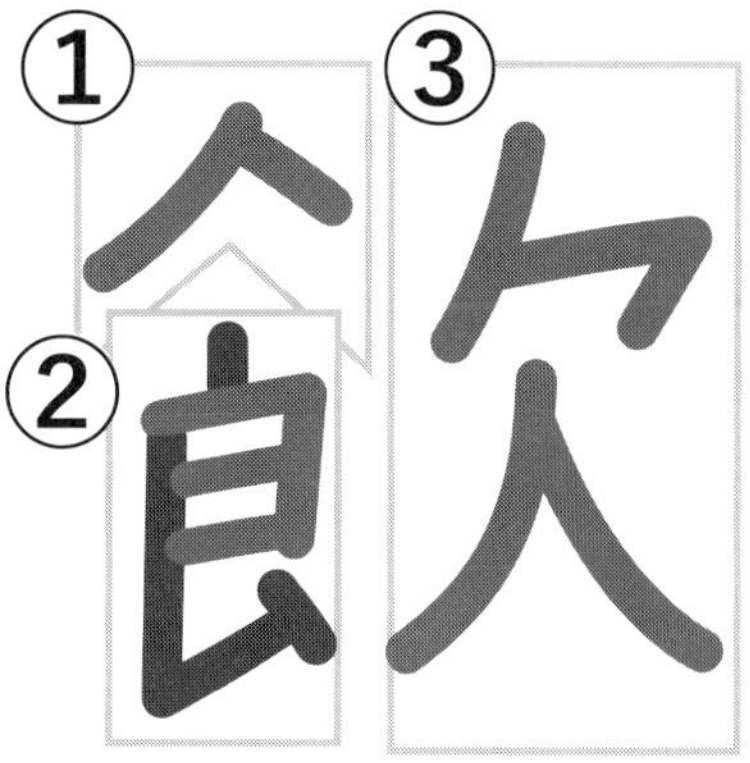

◆の－む

イン

●お茶《ちゃ》を飲（の）む。

飲料水（いん　りょう　すい）

＝飲《の》むための水《みず》。

運

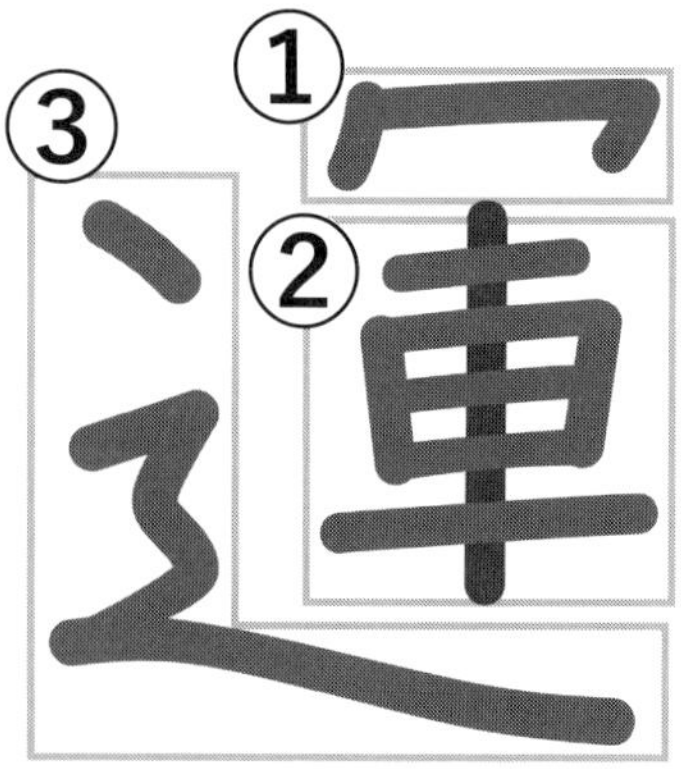

◆はこ－ぶ
ウン

●荷物《にもつ》を運（はこ）ぶ。
運動（うんどう）

泳

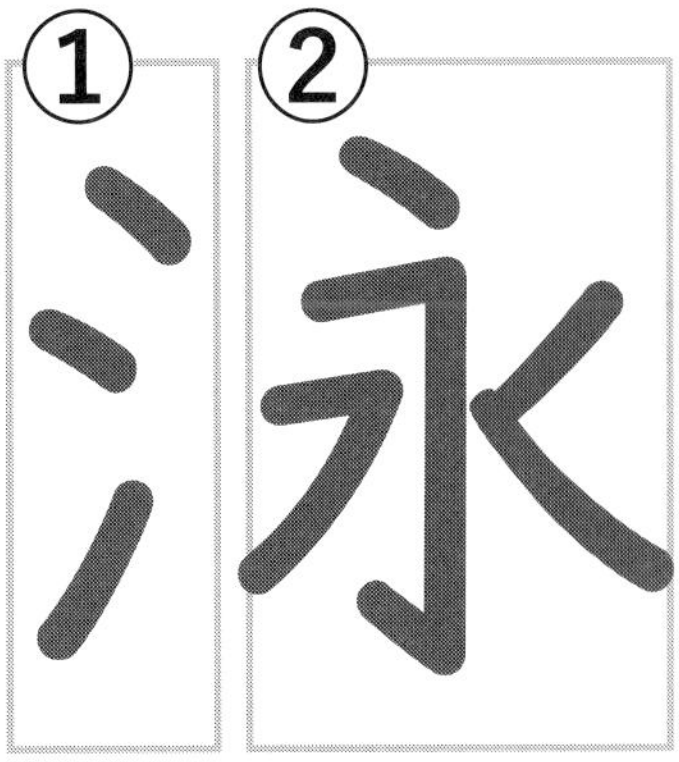

◆およ－ぐ

エイ

●プールで泳（およ）ぐ。

水泳（すいえい）

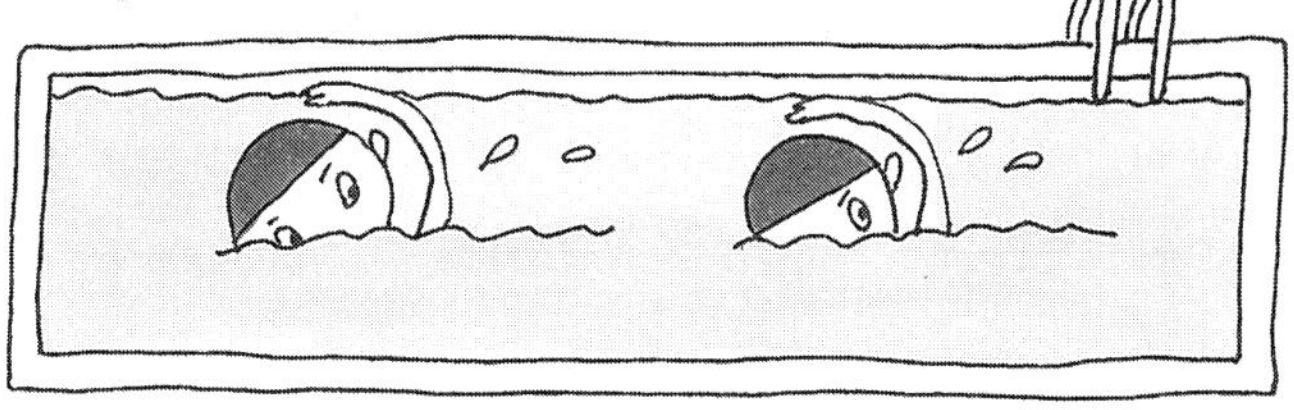

駅

①馬 ②尺

列車《れっしゃ》がとまるところ

◆
—
エキ

● 駅員（えきいん）

駅（えき）に着《つ》く。

駅前（えきまえ）の広場《ひろば》

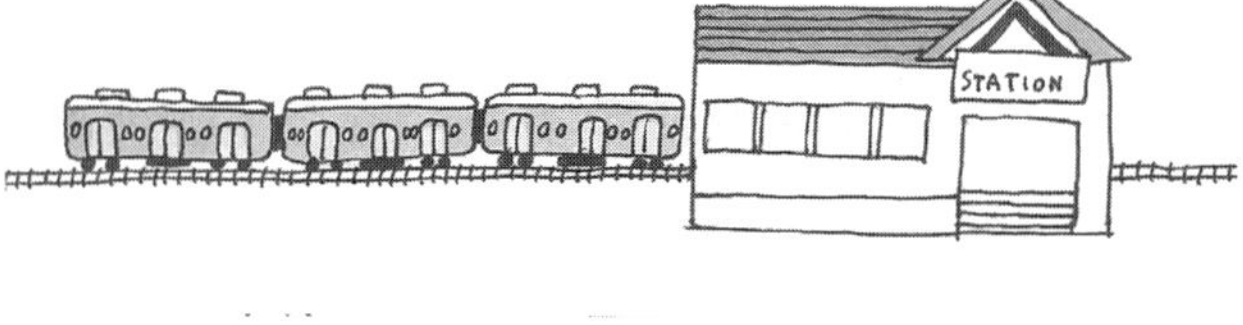

央

央

◆ ―

オウ

● 中央（ちゅう　おう）

まんなか

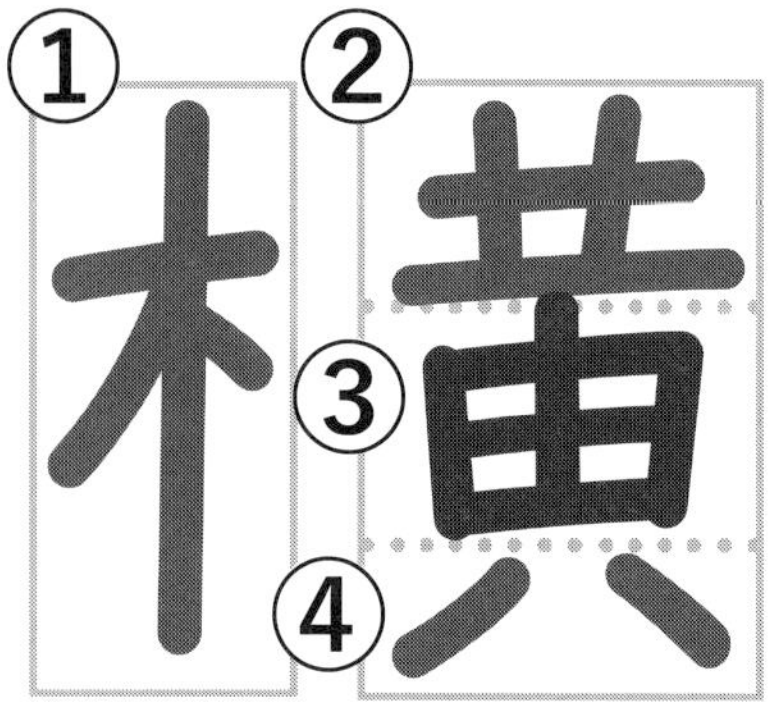

横

◆よこ
オウ

●横顔（よこ　がお）
しばふに横（よこ）たわる。
横断（おう　だん）

屋

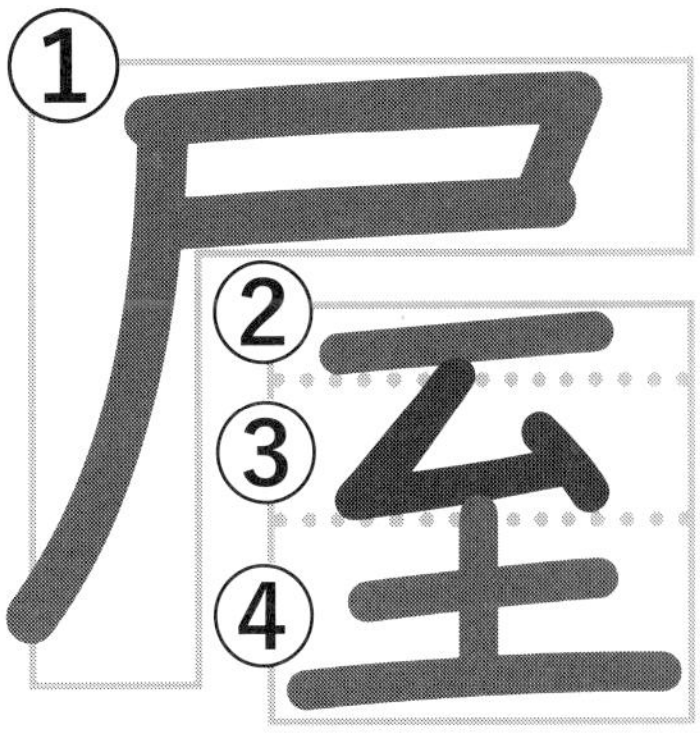

◆や
オク

●屋根（やね）
本屋（ほんや）さんに行《い》く。
屋上（おくじょう）

温

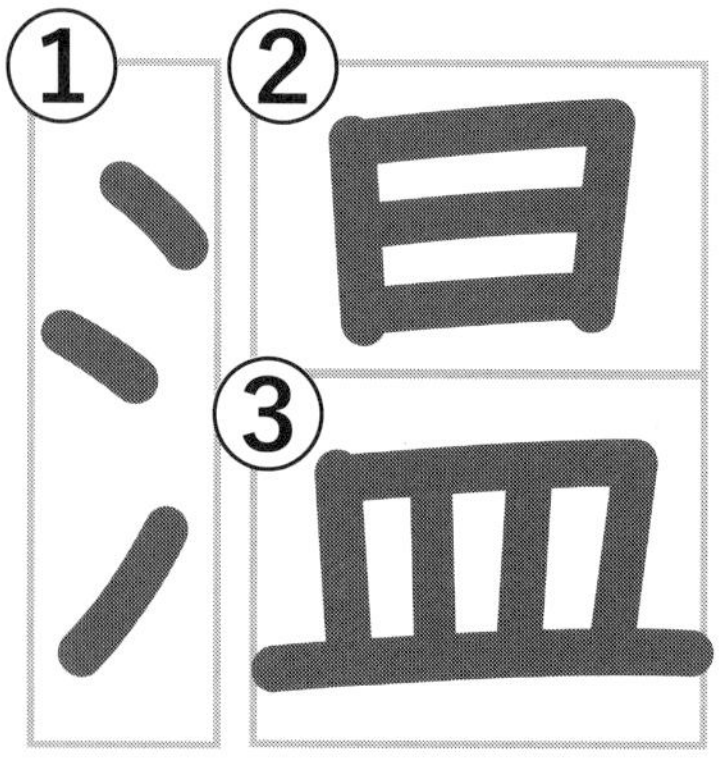

◆あたた－かい、あたた－か
あたた－まる、あたた－める
オン

●温（あたた）かい気配《きくば》り
運動《うんどう》して体《からだ》が温（あたた）まる。
スープを温（あたた）める。
温度（おんど）

化

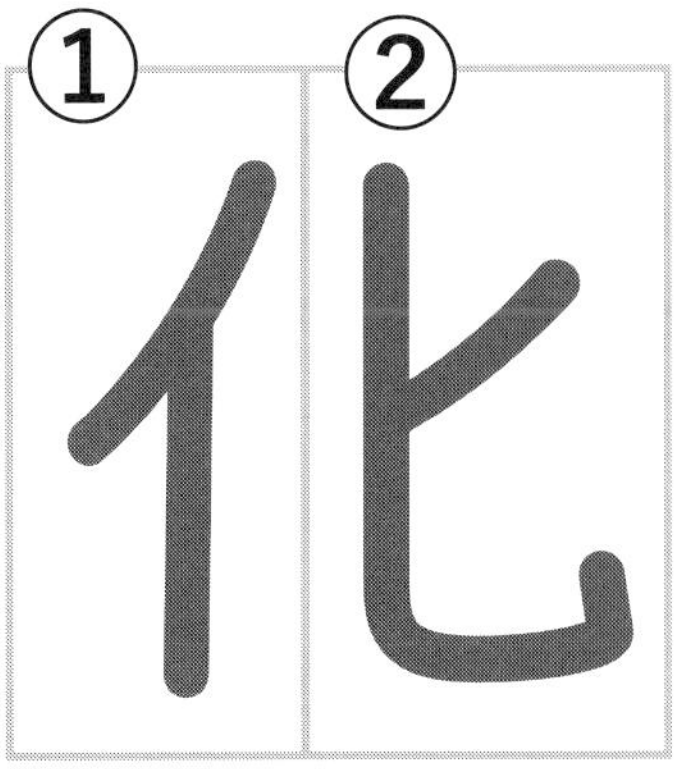

◆ば－ける、ば－かす

カ、ケ

●たぬきが人《ひと》に化（ば）ける。

変化（へんか）

化学（かがく）

化（け）しょうをする。

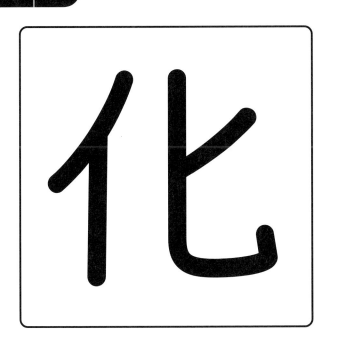

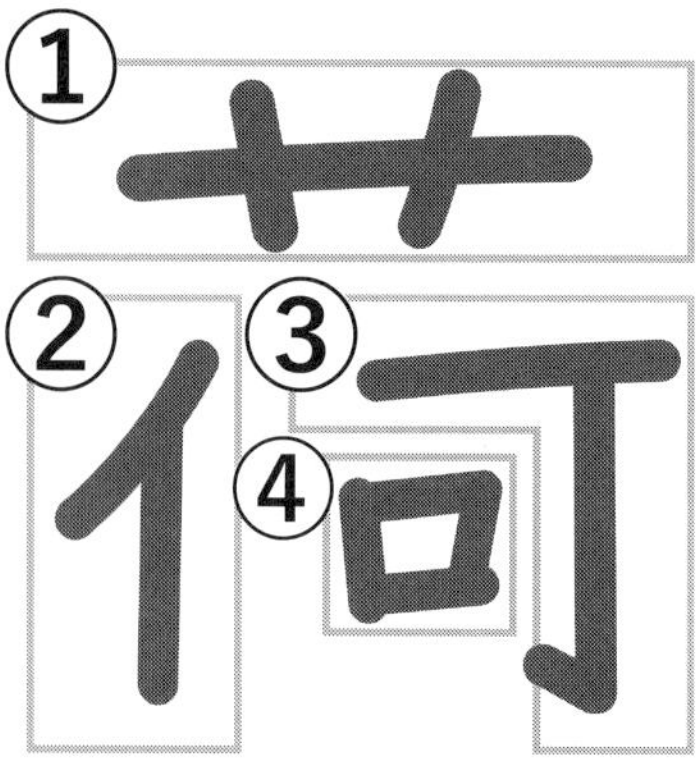

荷

◆に

カ

●荷物（にもつ）をまとめる。

リンゴを出荷（しゅっか）する。

界

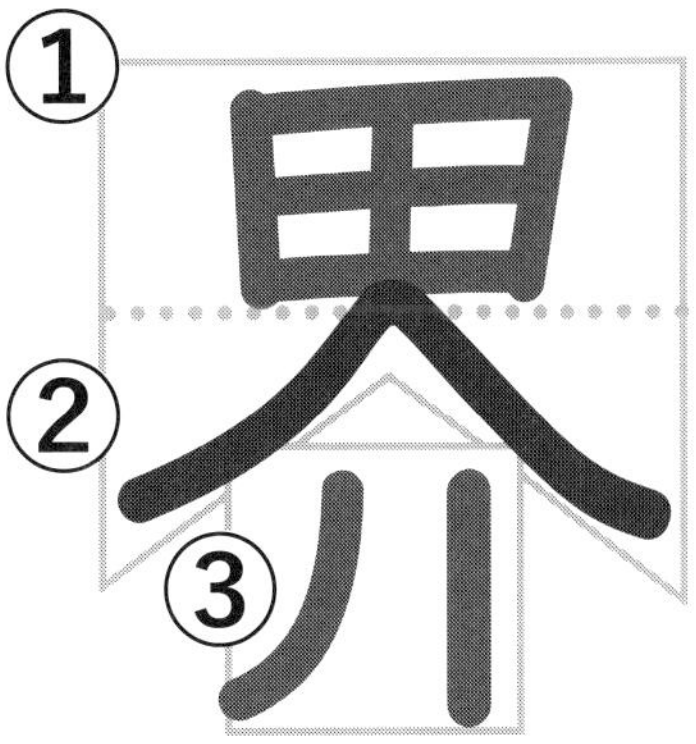

◆ ―

カイ

● 境界（きょう かい）
＝となり合《あ》っている土地《とち》のさかいめ。
世界（せ かい）の国《くに》ぐに

さかい／区切《くぎ》り

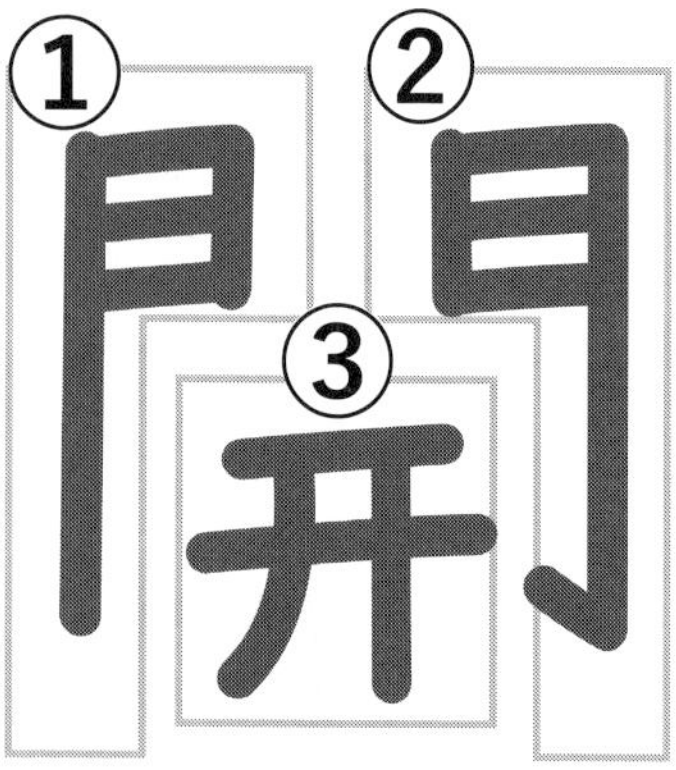

開

◆ひら－く、ひら－ける、
あ－く、あ－ける
カイ

●ドアが開（ひら）く。
合格《ごうかく》の道《みち》が開（ひら）ける。
かぎが開（あ）く。
店《みせ》を開（あ）ける。
開始（かいし）

階

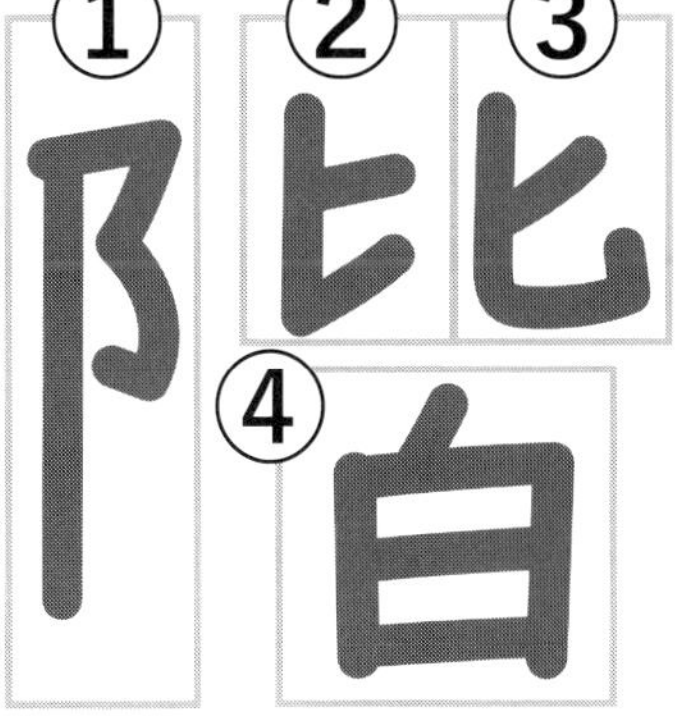

◆ —

カイ

● 階段（かい だん）

音楽室《おんがくしつ》は二階（に かい）にある。

だんだん／はしご

寒

◆さむーい

カン

●寒（さむ）い朝《あさ》

寒気（かんき）（さむけ）

＝冷《つめ》たい空気《くうき》。寒《さむ》さ。

感

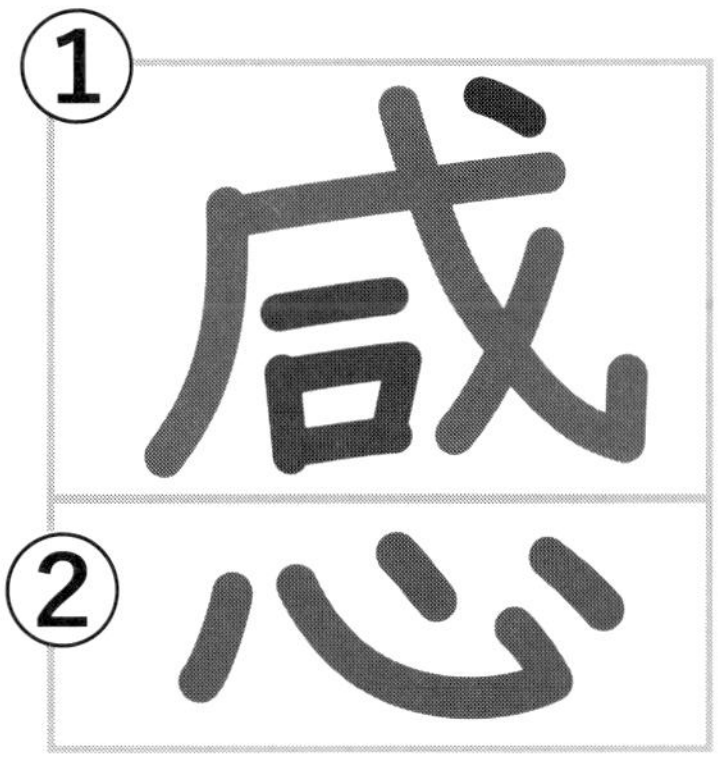

◆
―
カン

●映画《えいが》に感動（かんどう）する。

感動＝強《つよ》く深《ふか》く心《こころ》を動《うご》かされること。

親《した》しみを感（かん）じる。

気《き》持《も》ち

漢

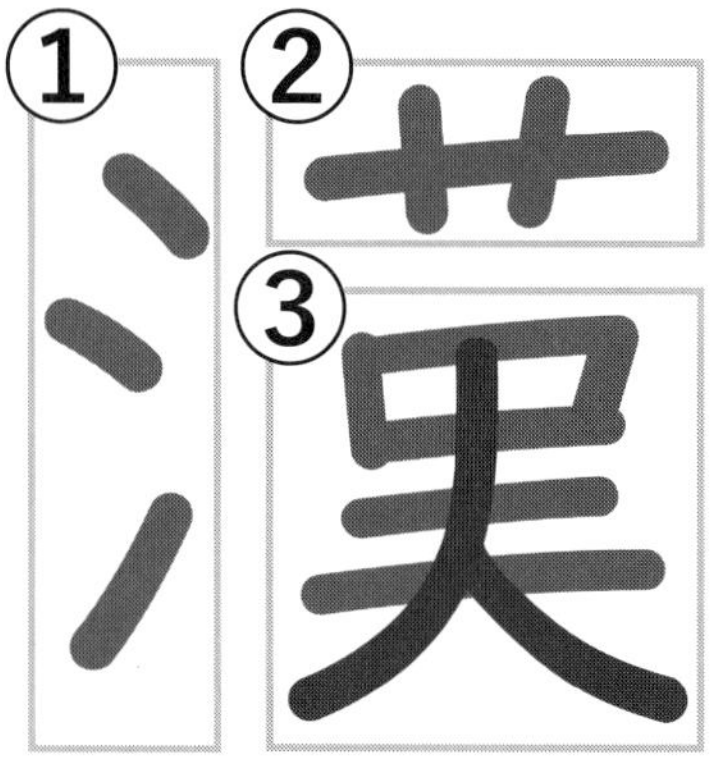

中国《ちゅうごく》のことを表《あらわ》す

◆カン ―

●漢字（かんじ）

漢方薬（かんぽうやく）を飲《の》む。

館

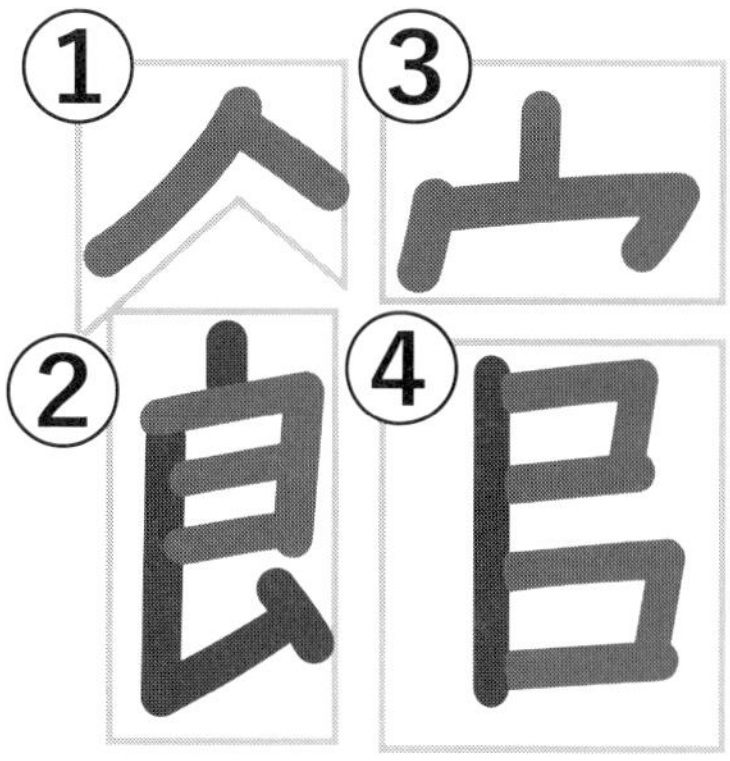

◆やかた
カン

●大《おお》きな館（やかた）
図書館（と しょ かん）
体育館（たい いく かん）

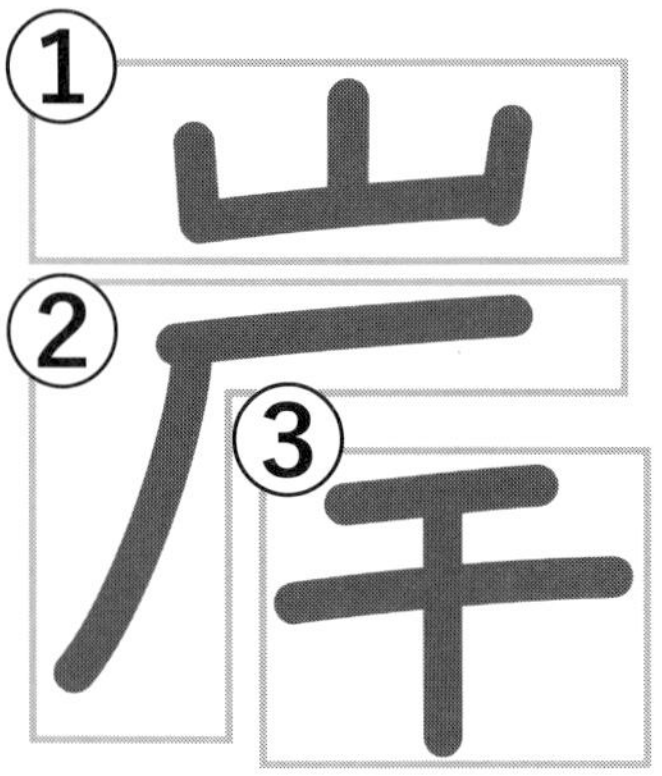

岸

◆きし
ガン
●川《かわ》の岸辺（きしべ）
海岸（かいがん）

起

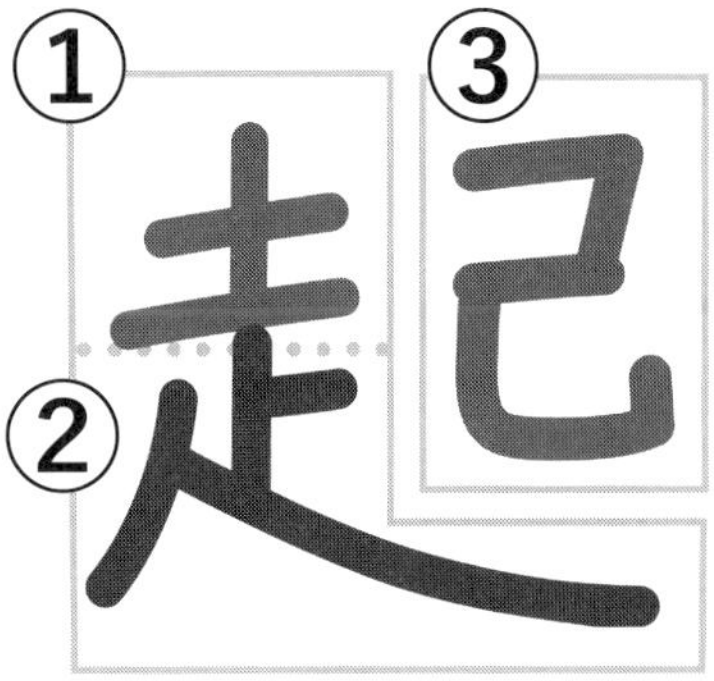

◆**お**-きる、**お**-こる、**お**-こす

キ

●朝早《あさはや》く起（お）きる。

事件《じけん》が起（お）こる。

ブームを起（お）こす。

起立（きりつ）

期

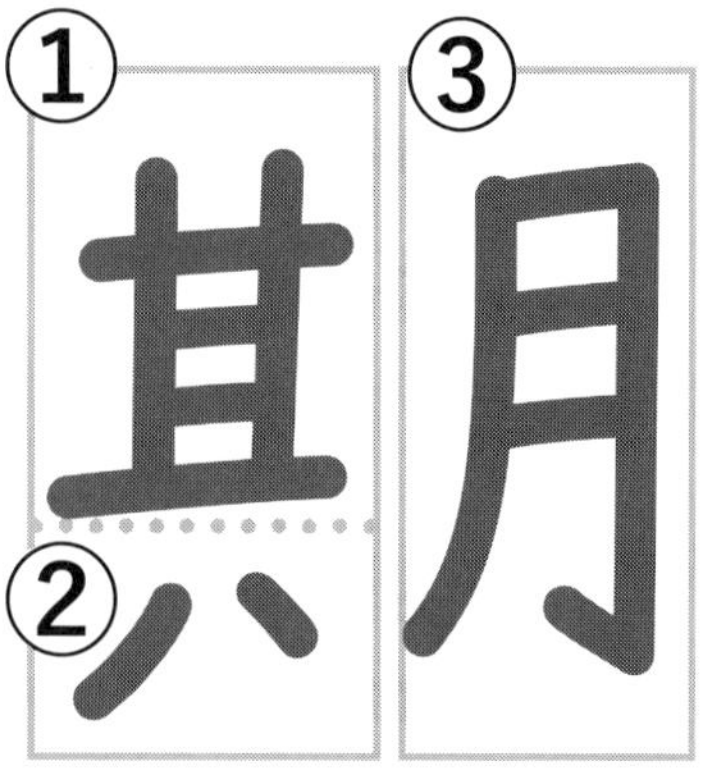

ひとくぎりの間《あいだ》

◆ —

キ、ゴ

● 期日（き じつ）

最期（さい ご）に残《のこ》した言葉《ことば》

一学期（いち がっ き）

客

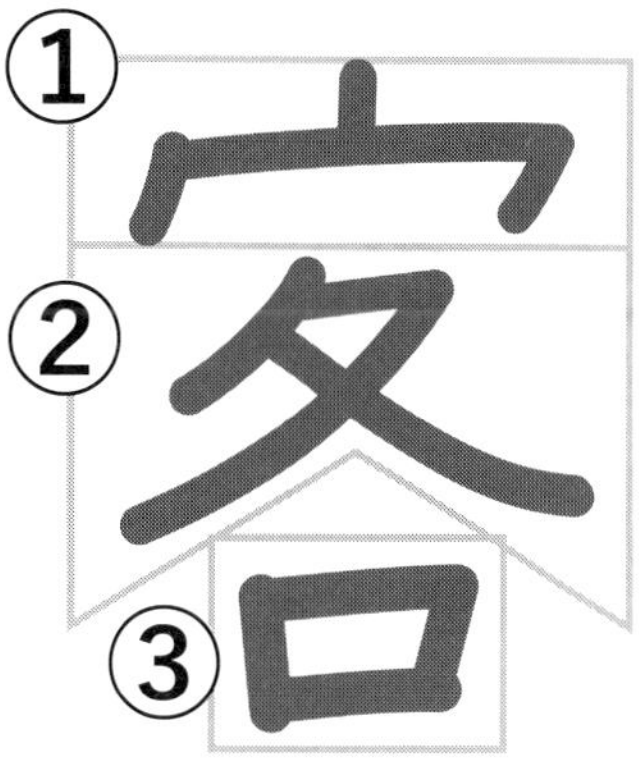

◆ ——

キャク、カク

●お客（きゃく）をもてなす。

旅客機（りょかくき）

＝旅行者《りょこうしゃ》を運《はこ》ぶための飛行機《ひこうき》

たずねてくる人《ひと》

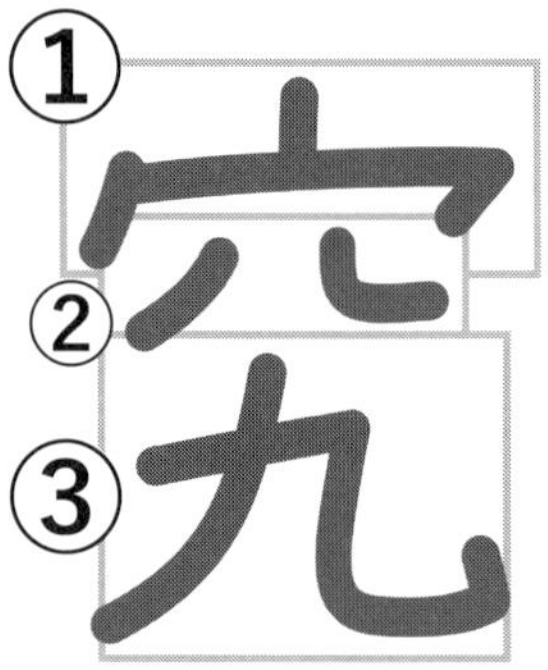

究

◆きわ－める
キュウ
●学問《がくもん》の道《みち》を究（きわ）める。
研究（けんきゅう）

急

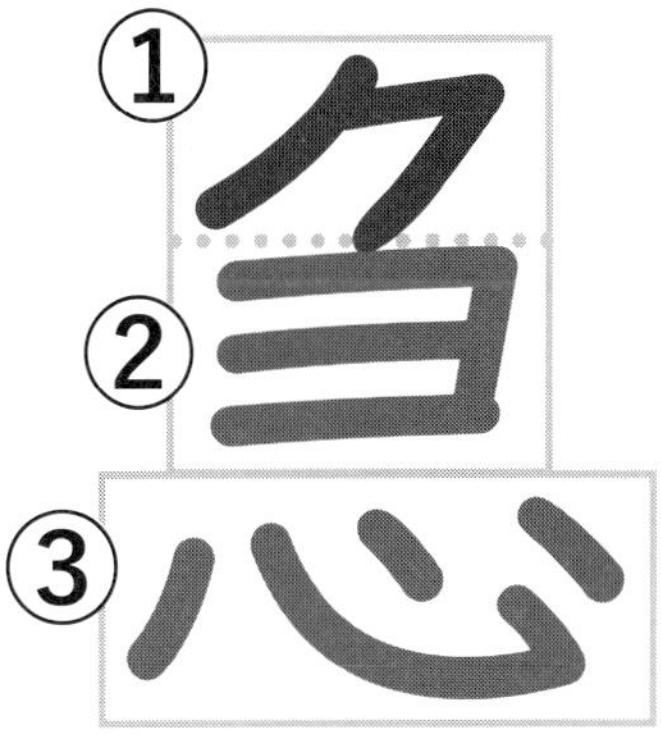

◆いそーぐ

キュウ

●帰《かえ》りを急（いそ）ぐ。

急行（きゅう　こう）電車《でんしゃ》に乗《の》る。

級

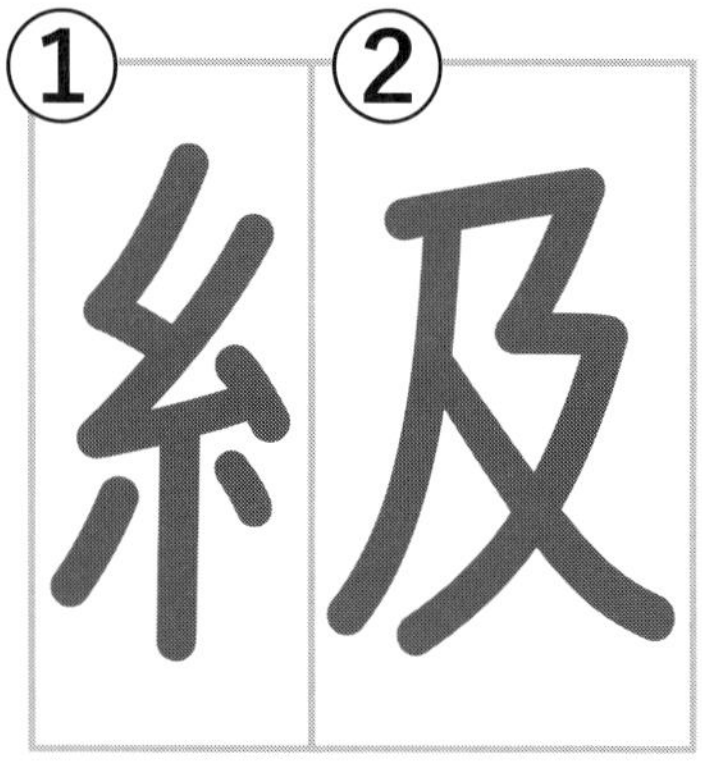

位《くらい》／クラス

◆ー

キュウ

●学級（がっきゅう）

高級（こうきゅう）な車《くるま》

宮

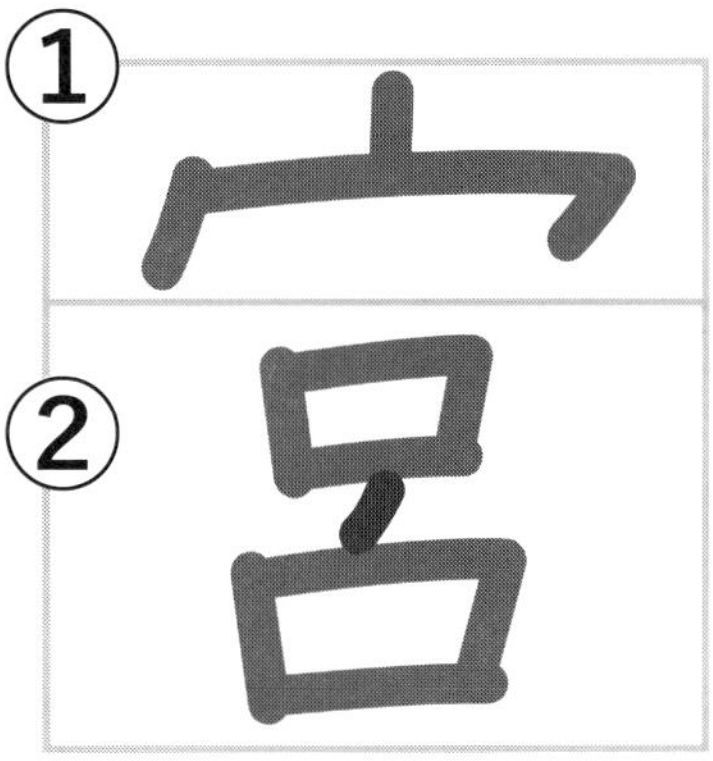

◆みや
キュウ、グウ、ク

●お宮（みや）まいり
＝赤《あか》ちゃんと神社《じんじゃ》にお参《まい》りして、健《すこ》やかな成長《せいちょう》をいのること。

宮廷（きゅう　てい）

神宮（じん　ぐう）

りっぱな建物《たてもの》

球

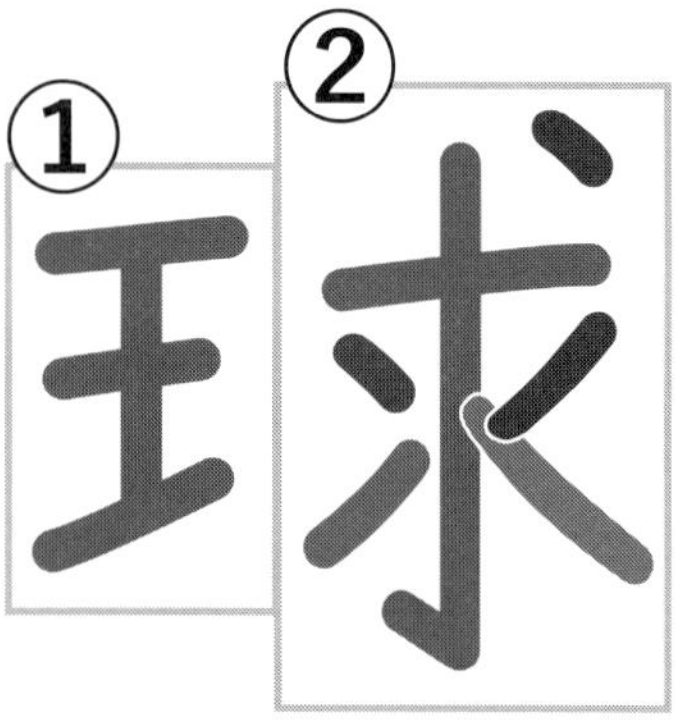

◆たま
キュウ

●速《はや》い球（たま）を投《な》げる。
地球（ちきゅう）
野球（やきゅう）

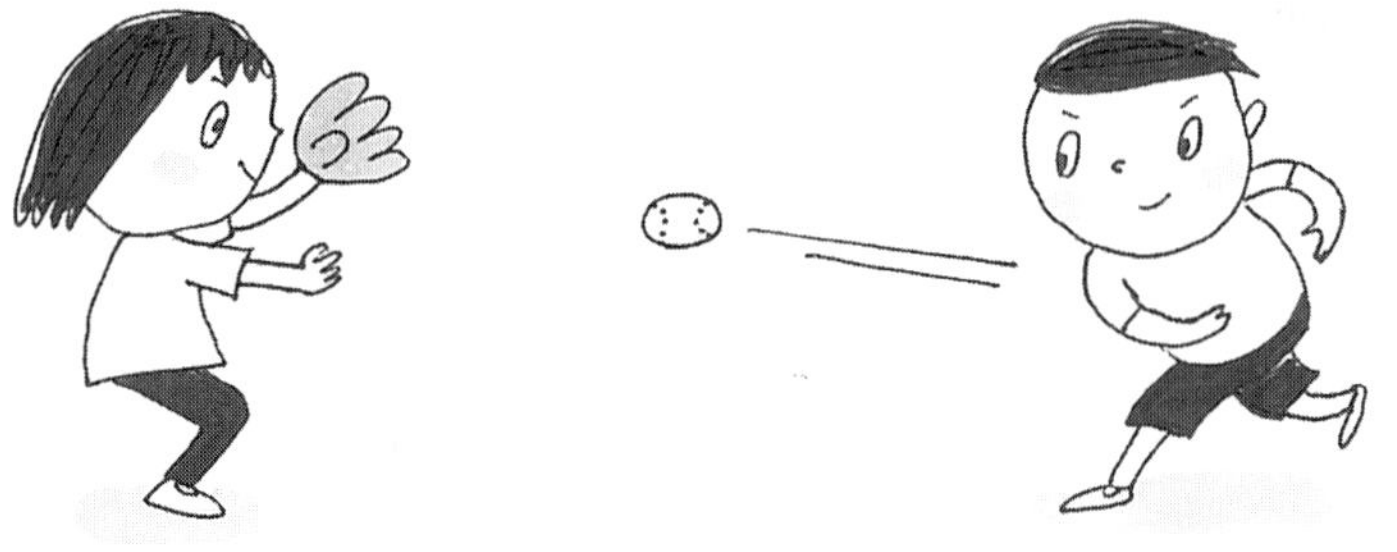

去

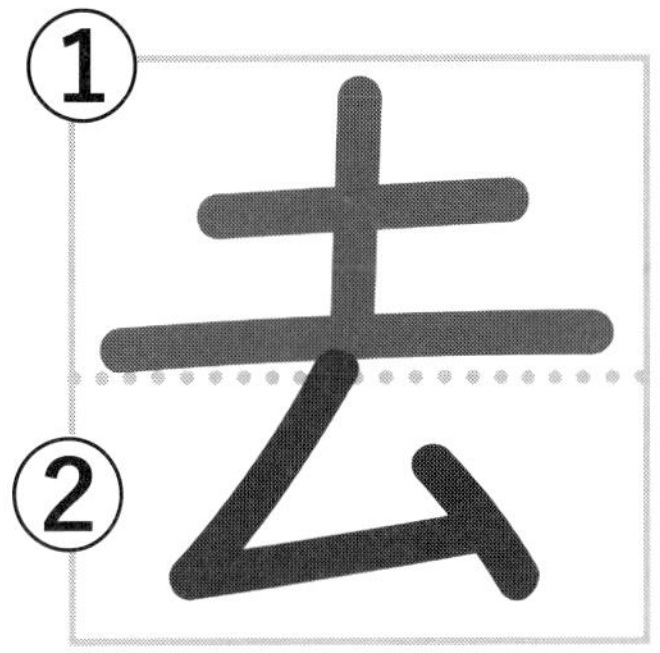

◆さーる
キョ、コ
●教室《きょうしつ》から立《た》ち去（さ）る。
去年（きょねん）
過去（かこ）

橋

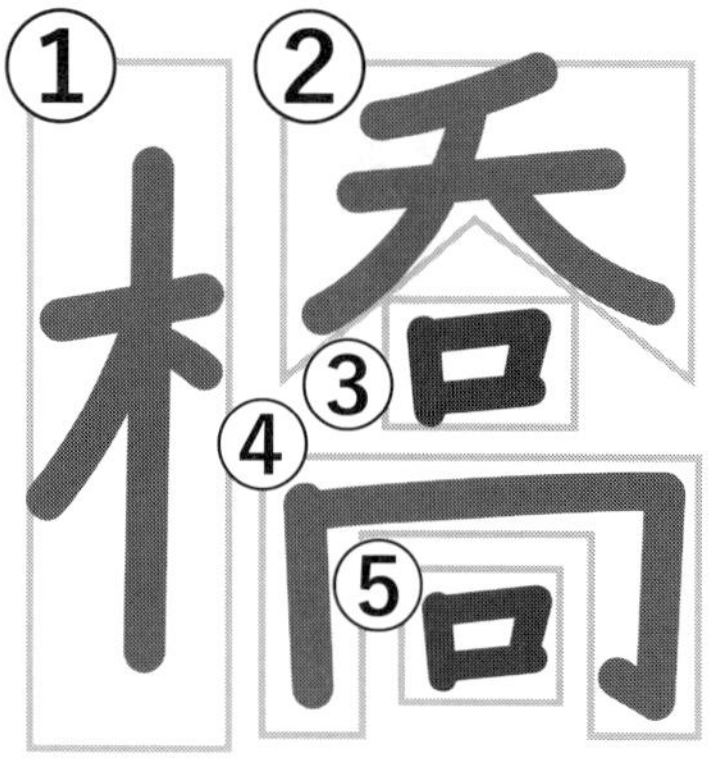

◆はし
キョウ

●橋（はし）をわたる。
陸橋（りっきょう）

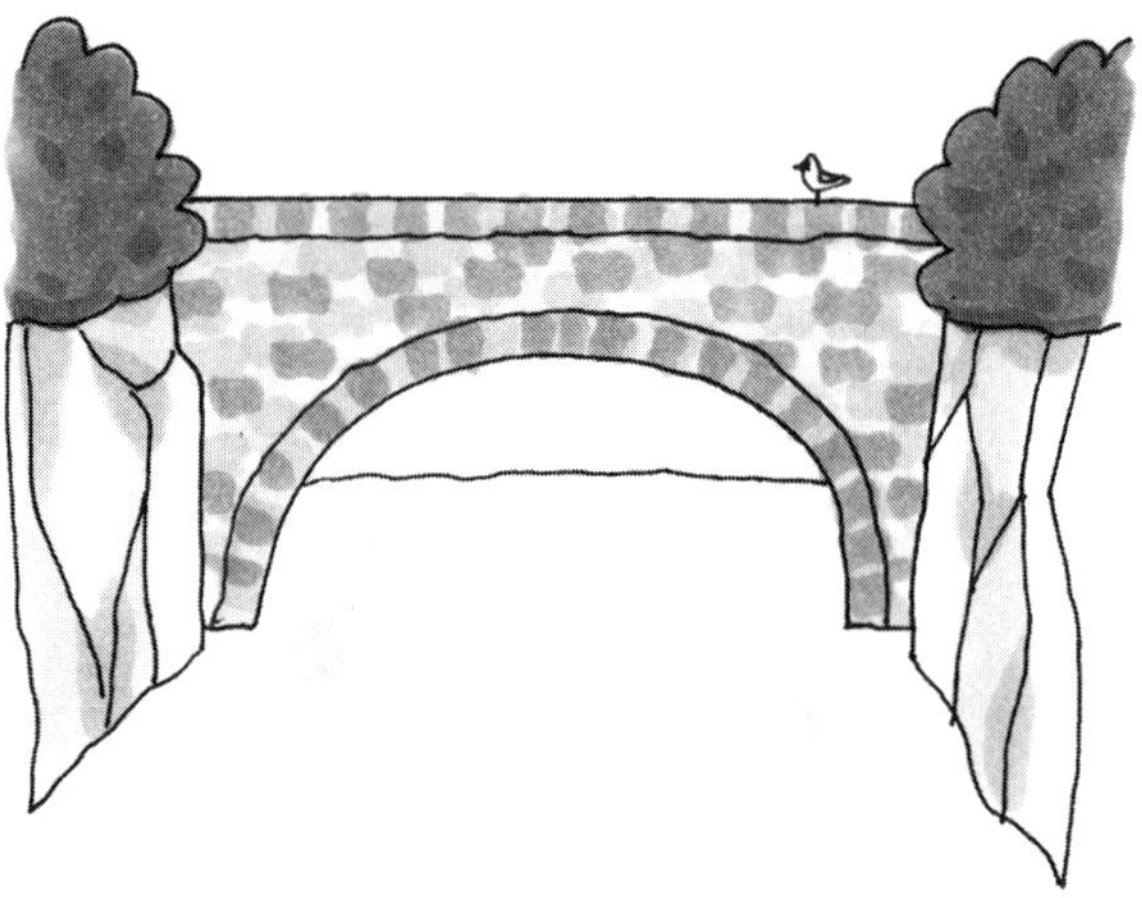

業

◆わざ

ギョウ、ゴウ

●あのシュートは神業（かみ　わざ）だ。

授業（じゅ　ぎょう）

自業（ごう）自《じ》得《とく》

＝自分《じぶん》でした悪《わる》いことのむくいを受《う》けること。

仕事《しごと》／むくい

曲

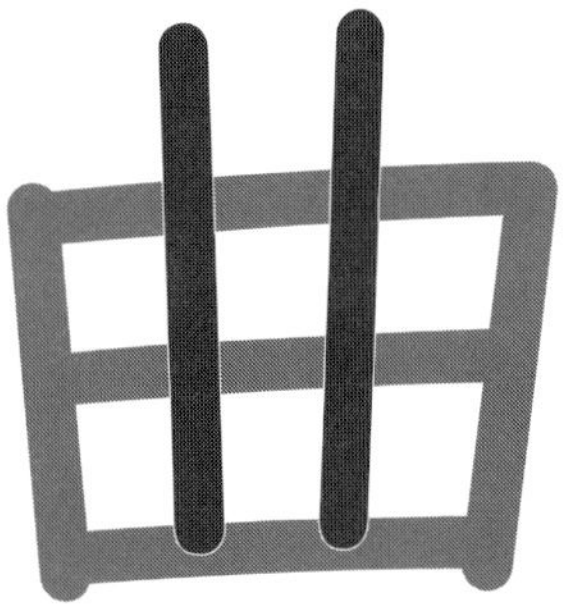

◆ま－がる、ま－げる

キョク

●カーブを曲(ま)がる。

ひざを曲(ま)げる。

楽曲(がっ きょく)＝音楽《おんがく》の曲《きょく》。

曲線(きょく せん)をえがく。

局

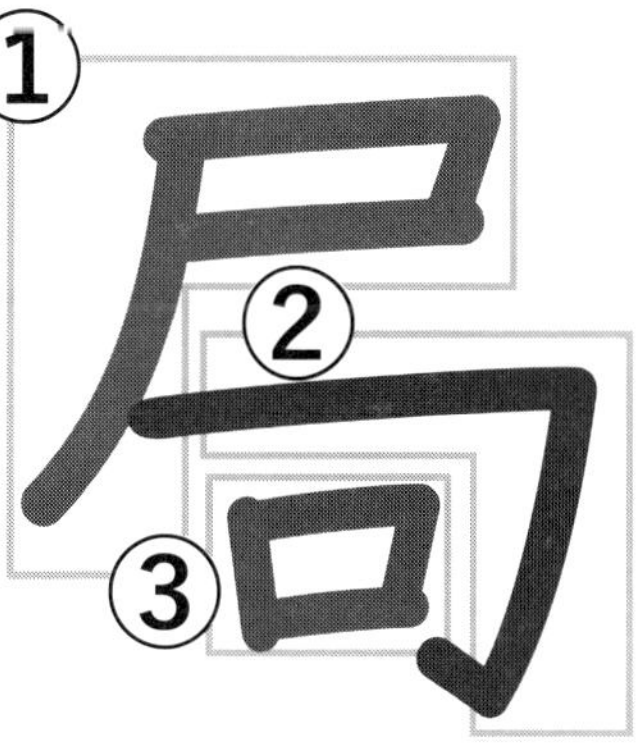

◆ —
キョク

● 郵便局（ゆうびんきょく）に行《い》く。
結局（けっきょく）、夕飯《ゆうはん》はカレーにした。

限《かぎ》られた場所《ばしょ》／成《な》り行《ゆ》き

銀

ぎん／しろがね

◆ ―

ギン

● 銀行（ぎんこう）

銀色（ぎんいろ）に光《ひか》る月《つき》

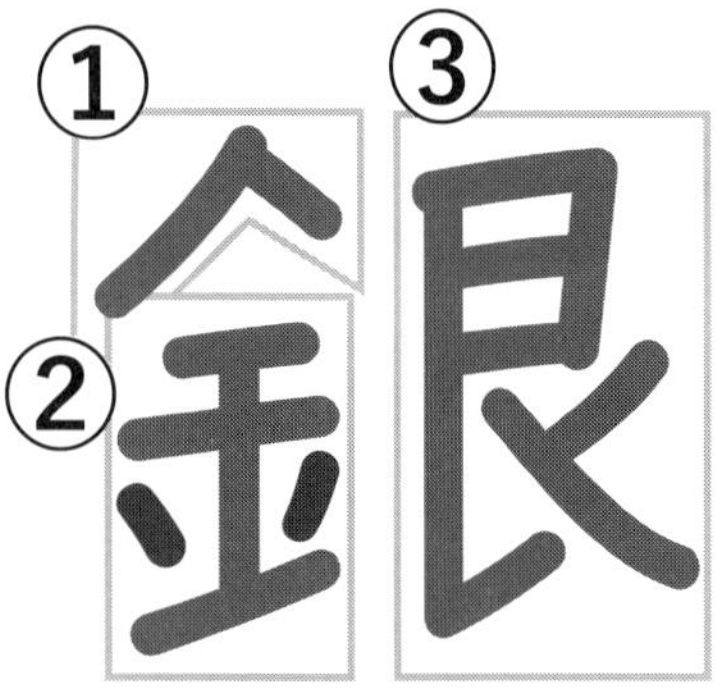

区

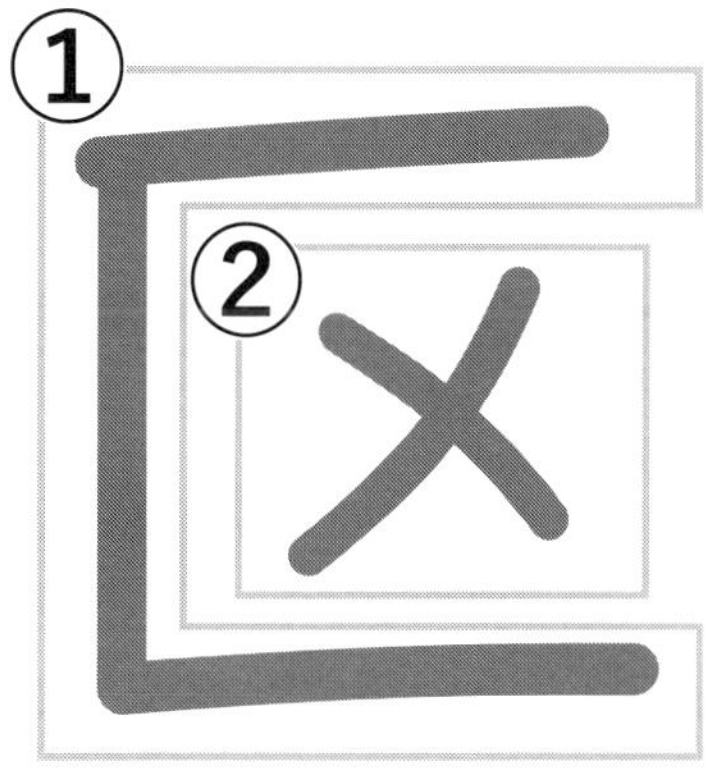

◆ —

ク

● 地区（ちく）

□△市《し》中央《ちゅうおう》区（く）※地名《ちめい》

土地《とち》を区分（くぶん）する。

くぎり

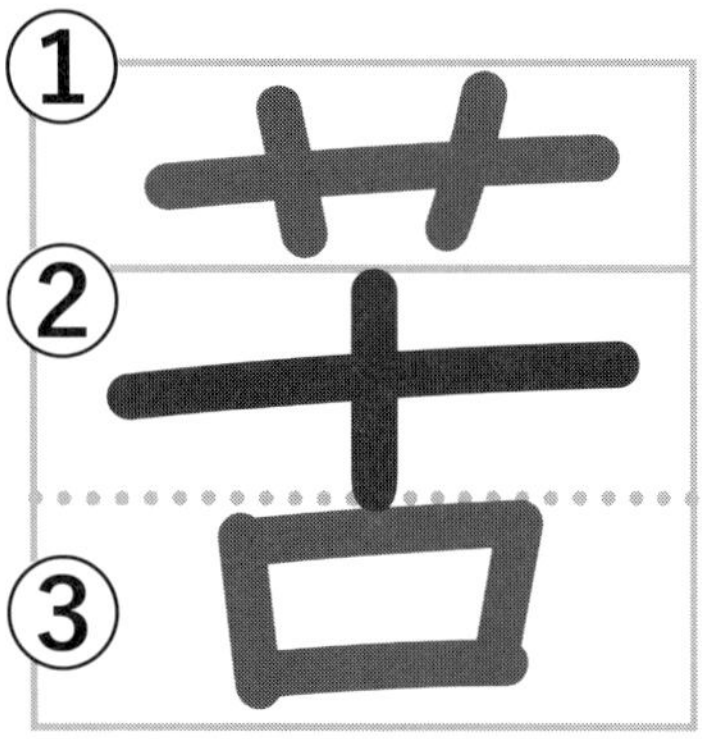

苦

◆**くる**－しい
くる－しむ、**くる**－しめる、
にが－い、**にが**－る
ク

●走《はし》って息《いき》が苦（くる）しい。
理解《りかい》に苦（くる）しむ。
苦（にが）い薬《くすり》
苦労（くろう）

具

◆ ——

グ

● 道具（どうぐ）

具体例（ぐ たい れい）を挙《あ》げる。

必要《ひつよう》なものを備《そな》える

君

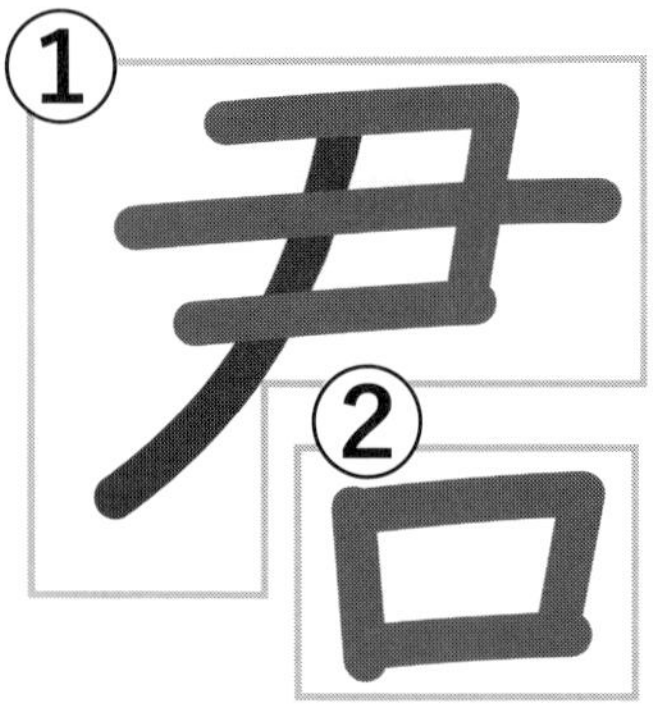

◆きみ
クン

●君（きみ）と会《あ》えてうれしい。
田中《たなか》君（くん）の家《いえ》
君子（くんし）＝高《たか》い身分《みぶん》の人《ひと》。

係

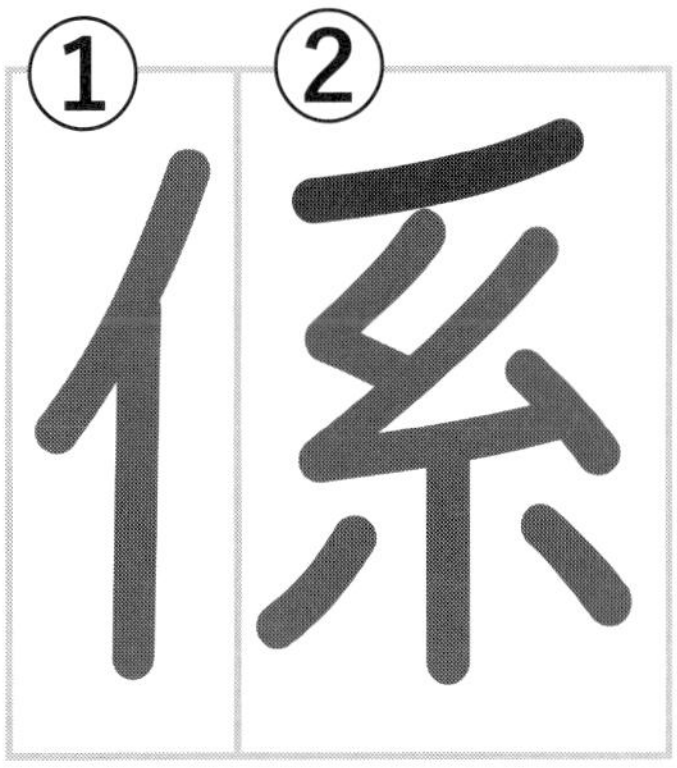

◆かか-る、かかり
ケイ

●生死《せいし》に係（かか）る問題《もんだい》
係（かかり）の人《ひと》を呼《よ》ぶ。
森林《しんりん》と海《うみ》は関係（かんけい）がある。

軽

①車 ②又 ③土

◆かる－い
かろ－やか
ケイ

●軽（かる）い荷物《にもつ》
軽（かろ）やかな音楽《おんがく》
軽（けい）自動車《じどうしゃ》
軽率（けいそつ）な行動《こうどう》

軽率＝注意深《ちゅういぶか》く物事《ものごと》を考《かんが》えることなく、
すぐ決《き》めたり、したりすること。

血

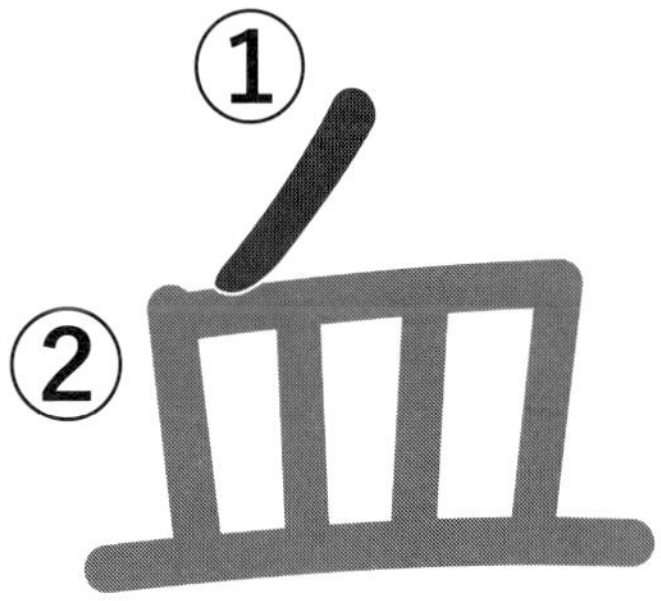

◆ち

ケツ

●血（ち）のにじむような努力《どりょく》

出血（しゅっ　けつ）

決

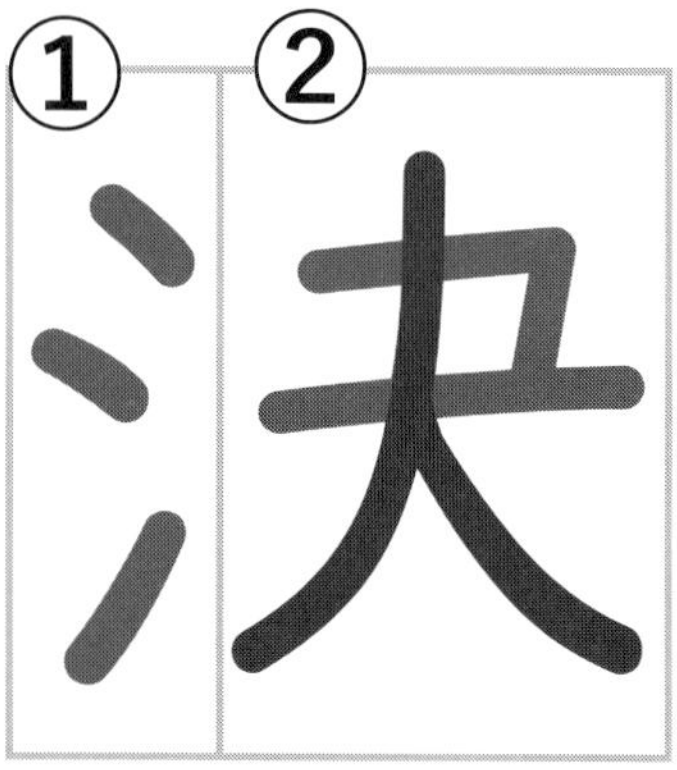

◆き－める、き－まる

ケツ

●みんなで決（き）める。

優勝《ゆうしょう》が決（き）まる。

解決（かいけつ）

研

①石 ②开

◆と－ぐ

ケン

●ナイフを研（と）ぐ。

クジラの研究（けんきゅう）をする。

県

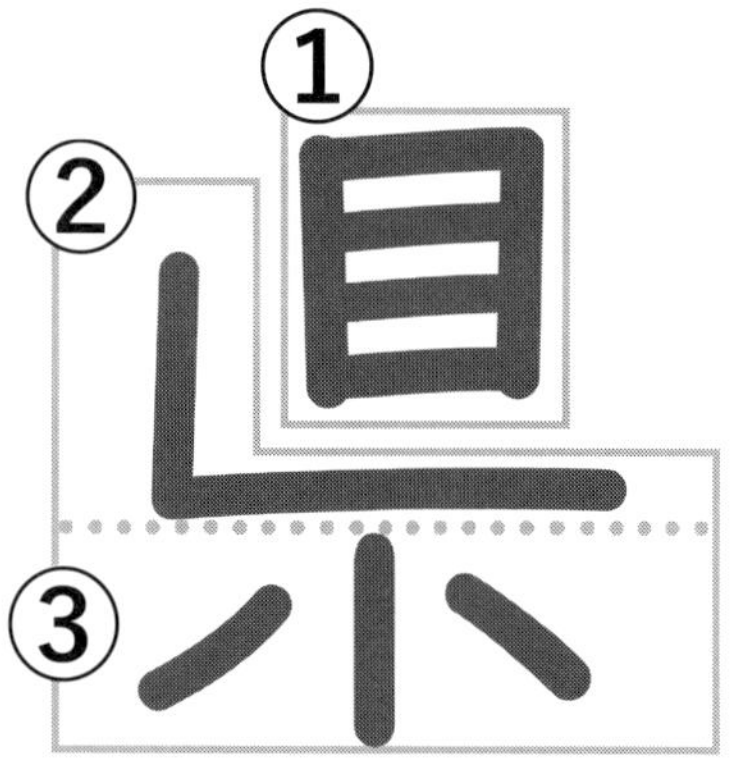

政治《せいじ》を行《おこな》う上《うえ》での地域《ちいき》の区切《くぎ》り

◆ —

ケン

●県庁（けん　ちょう）

●青森県（あお　もり　けん）

県（けん）の代表《だいひょう》に選《えら》ばれる。

庫

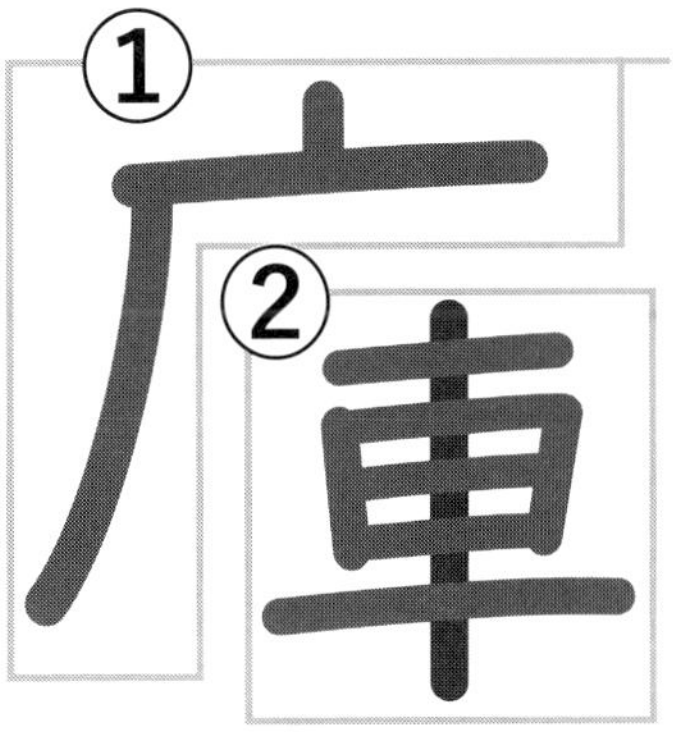

◆ —

コ、ク

● 車庫（しゃこ）

学級《がっきゅう》文庫（ぶんこ）の本を読む。

ものを入《い》れておく建物《たてもの》

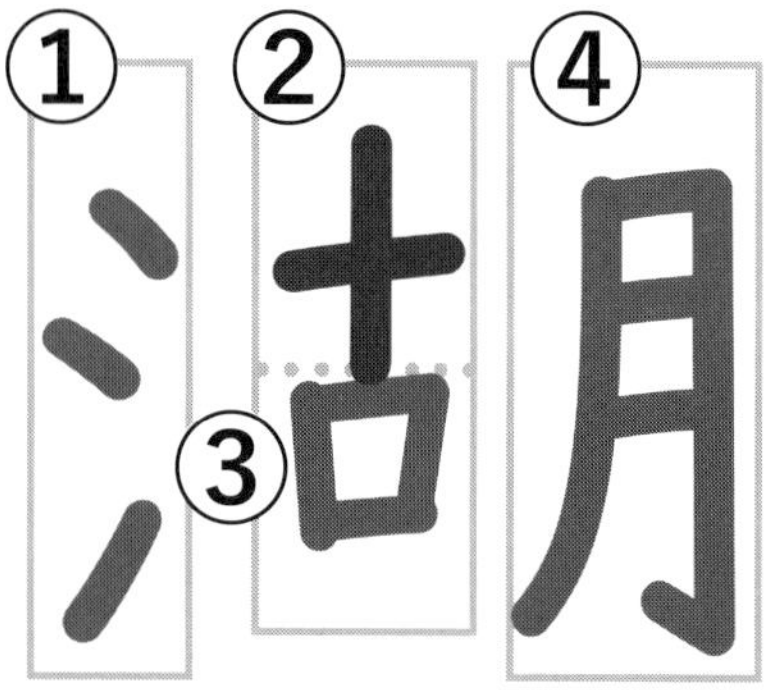

湖

◆みずうみ

コ

●湖（みずうみ）に浮《う》かぶボート

湖面（こめん）

向

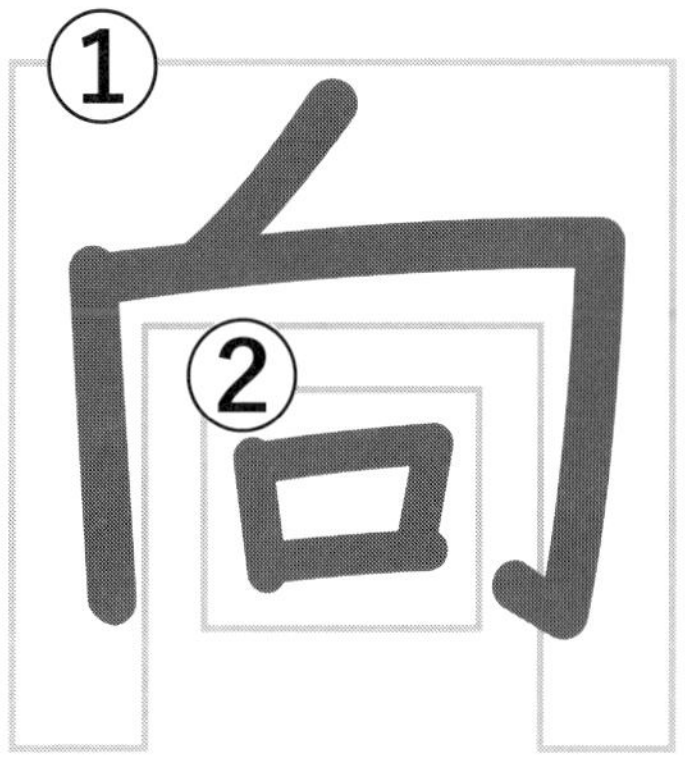

◆む－く、む－ける、む－かう、
む－こう
コウ

●左《ひだり》を向（む）く。
注意《ちゅうい》を向（む）ける。
教室《きょうしつ》に向（む）かう。
向（む）こう側《がわ》
学力《がくりょく》の向上（こう じょう）をめざす。

幸

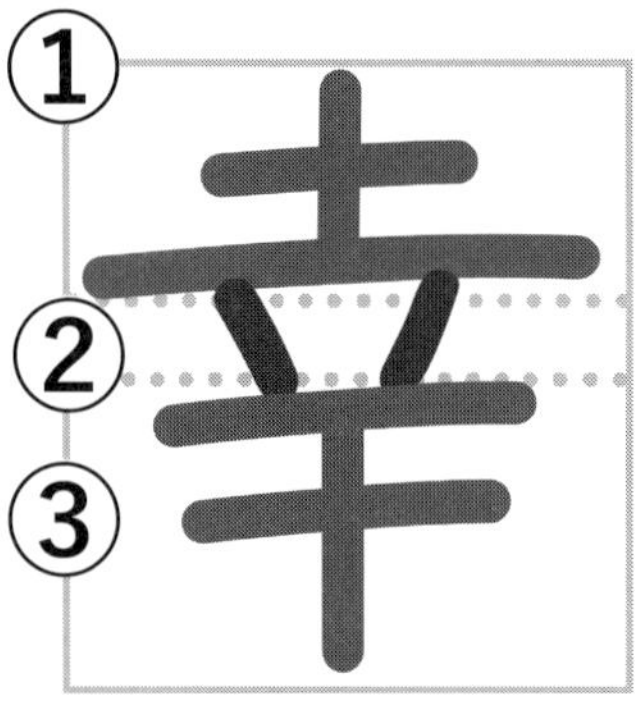

◆さいわ－い、さち、しあわ－せ
コウ

●幸（しあわ）せに暮《く》らす。
幸（さいわ）いなことに無事《ぶじ》だ。
山《やま》の幸（さち）
＝魚《さかな》・貝《かい》・海《かい》そうなど海《うみ》でとれる食《た》べ物《もの》。
幸福（こう　ふく）

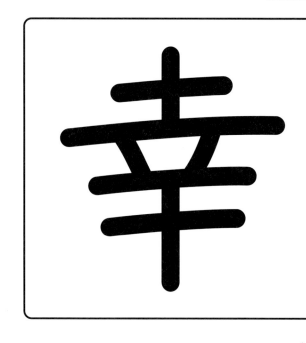

港

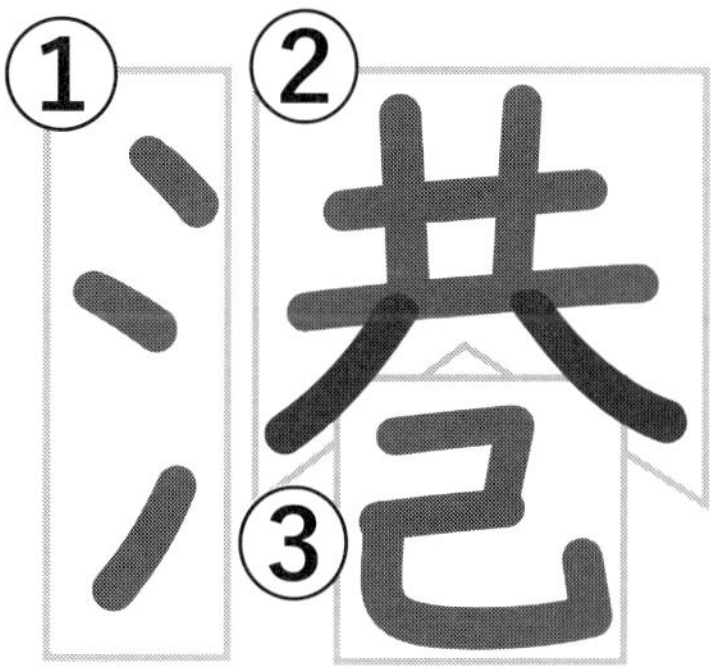

◆みなと
コウ

●港町（みなと まち）を旅《たび》する。
漁港（ぎょ こう）

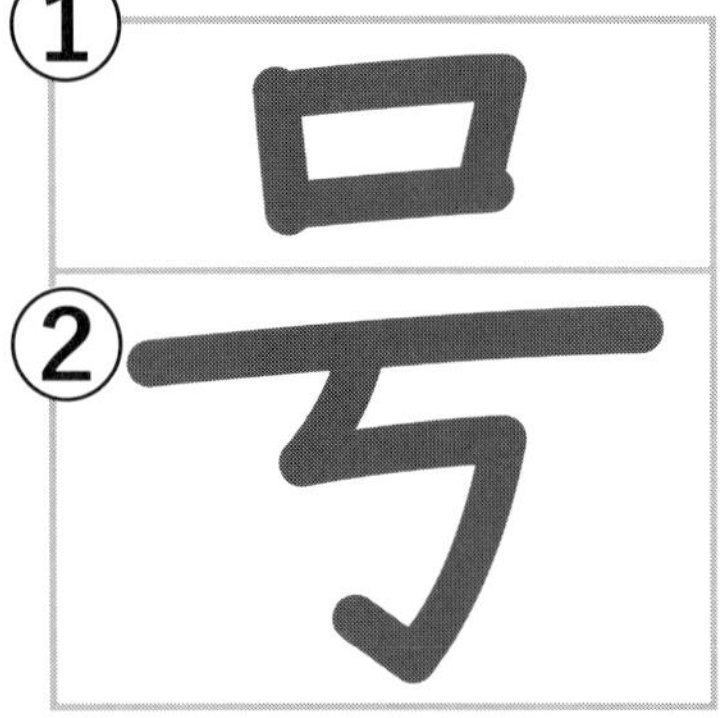

号

さけぶ／合図《あいず》／印《しるし》

◆ ―

ゴウ

●号泣（ごう きゅう）

＝大声《おおごえ》をあげて泣《な》くこと。

記号（き ごう）

一号車（いち ごう しゃ）

号令（ごう れい）をかける。

根

①② 根

◆ね

コン

●植物《しょくぶつ》の根（ね）

その土地《とち》に根（ね）を下《お》ろす。

球根（きゅう こん）

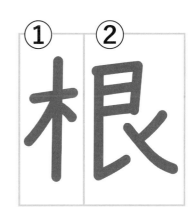

祭

◆まつ－る、まつ－り

サイ

●水《みず》の神様《かみさま》を祭（まつ）る。

ひな祭（まつ）り

祭日（さい　じつ）

学園《がくえん》祭（さい）

皿

◆さら

●お皿（さら）を洗《あら》う。

仕

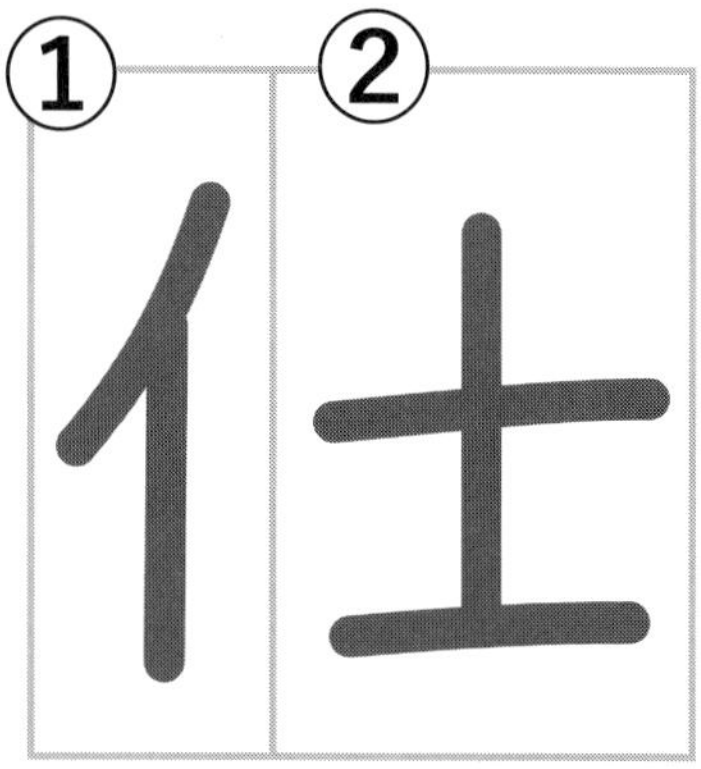

◆つか－える

シ、ジ

●王《おう》に仕（つか）える。

仕事（しごと）をする。

お客様《きゃくさま》にお茶《ちゃ》の給仕（きゅうじ）をする。

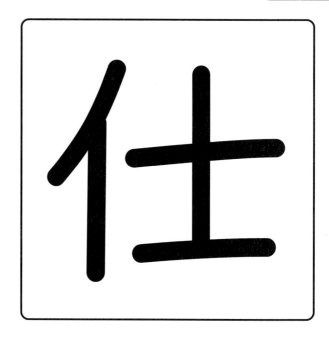

死

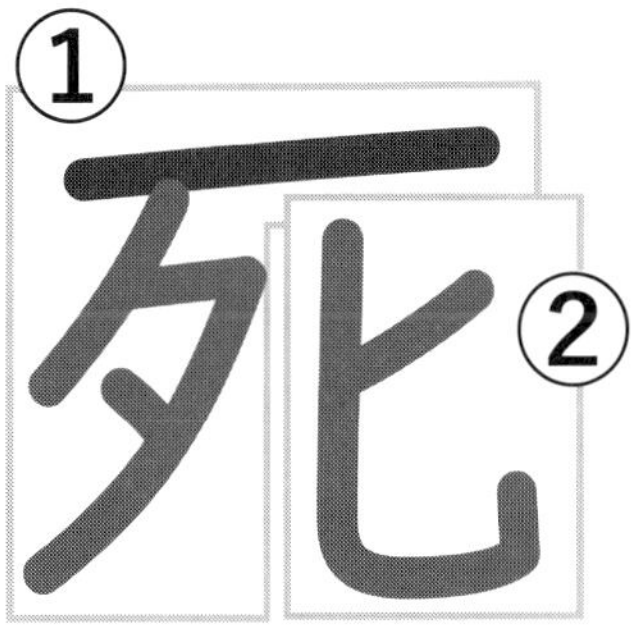

◆しーぬ

シ

●よごれた川《かわ》で魚《さかな》が死（し）ぬ。
トレーニングを必死（ひっし）に
がんばる。

使

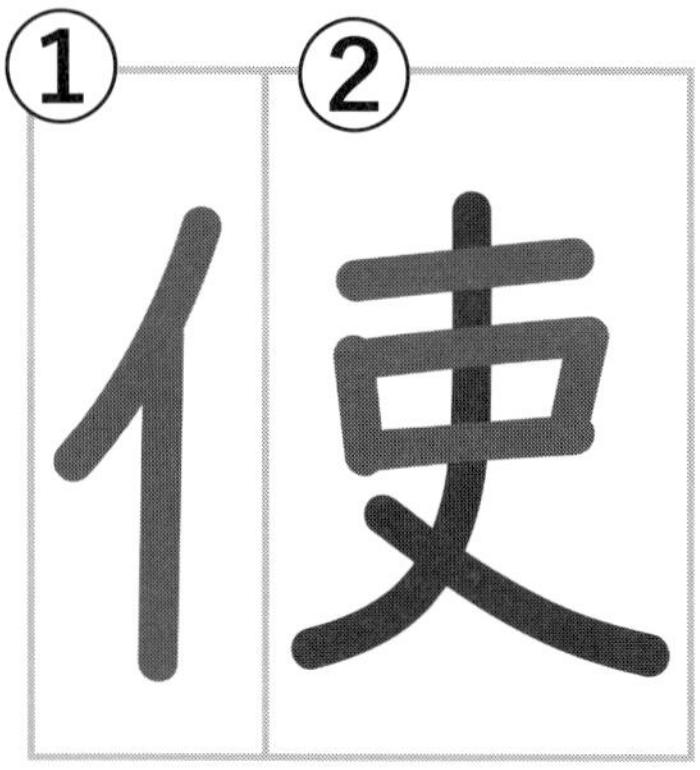

◆つか－う

シ

●コンパスを使（つか）う。

使用中（しようちゅう）

天使（てんし）

始

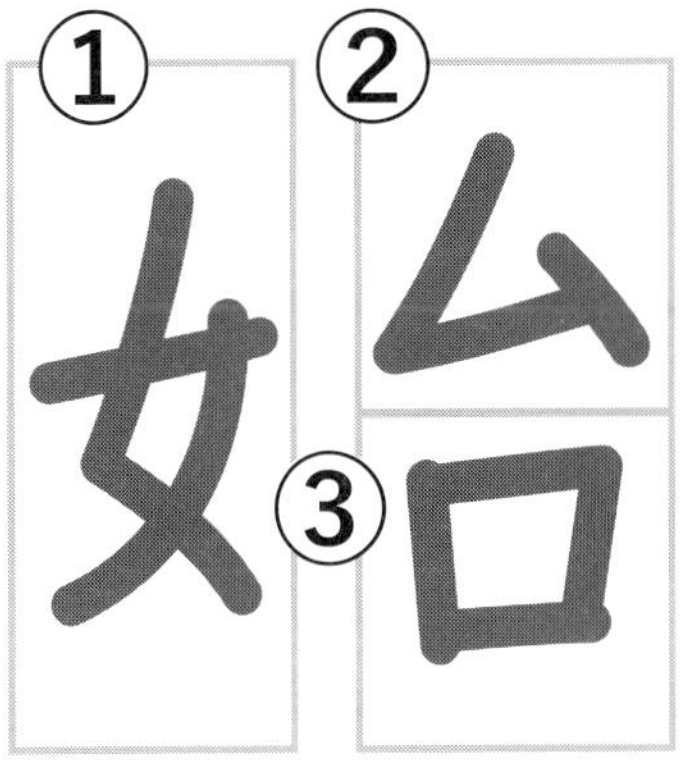

◆**はじ**-める、**はじ**-まる

シ

●ゲームを始（はじ）める。

二学期《にがっき》が始（はじ）まる。

作業《さぎょう》を開始（かいし）する。

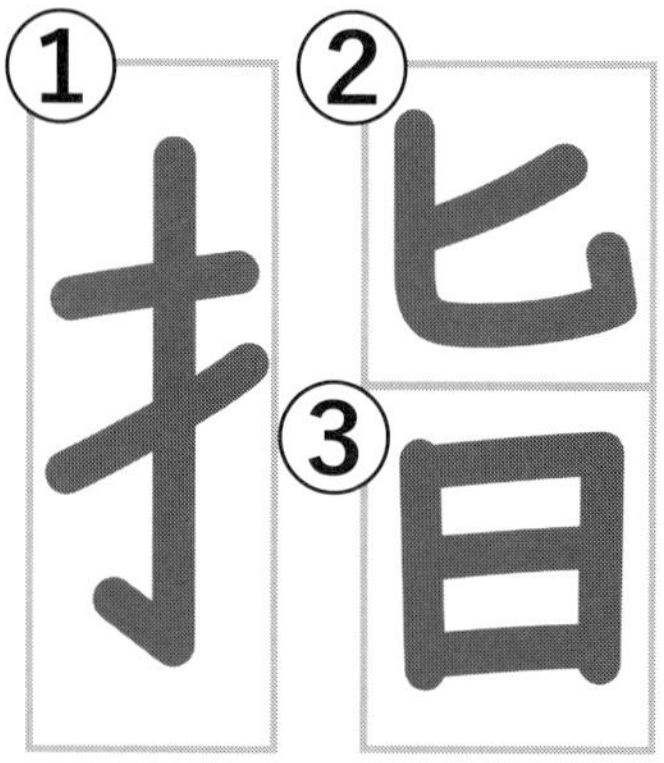

指

◆ゆび、さ－す
シ

●親指（おや ゆび）
コンパスの針《はり》が北《きた》を指（さ）す。
指示（しじ）

歯

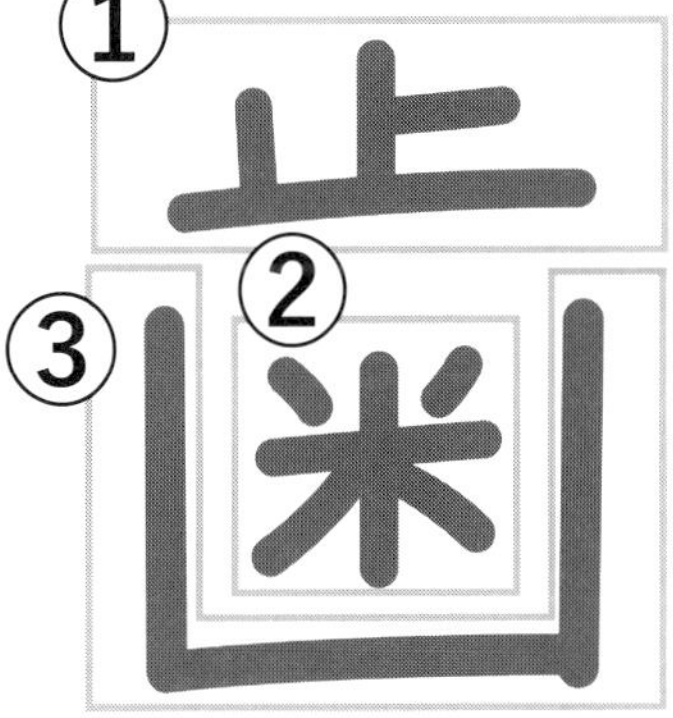

◆は

シ

●歯（は）をみがく。

歯車（はぐるま）が回《まわ》る。

永久歯（えいきゅうし）

＝子《こ》どもの歯《は》がぬけた後《あと》に生《は》える歯《は》。

歯科（しか）

詩

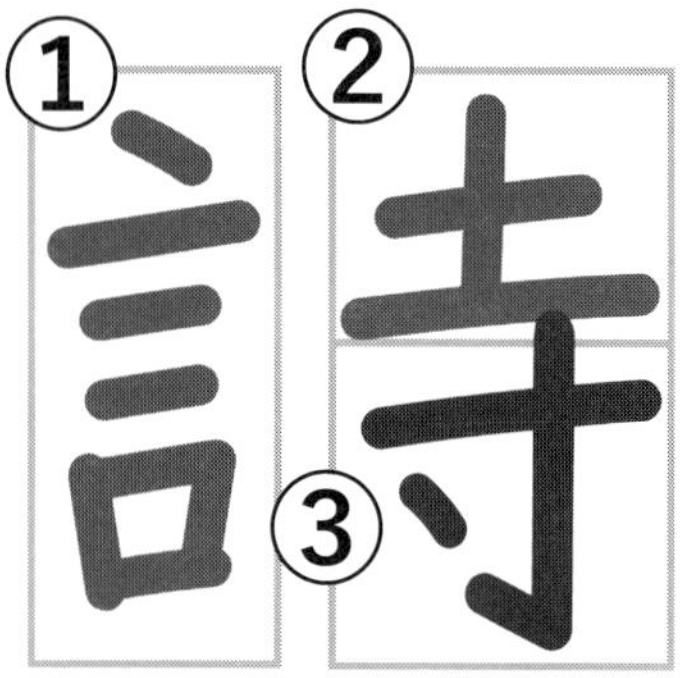

心《こころ》の動《うご》きをことばで表《あらわ》したもの

◆ ―

シ

● 詩人（しじん）

詩集（ししゅう）を読《よ》む。

次

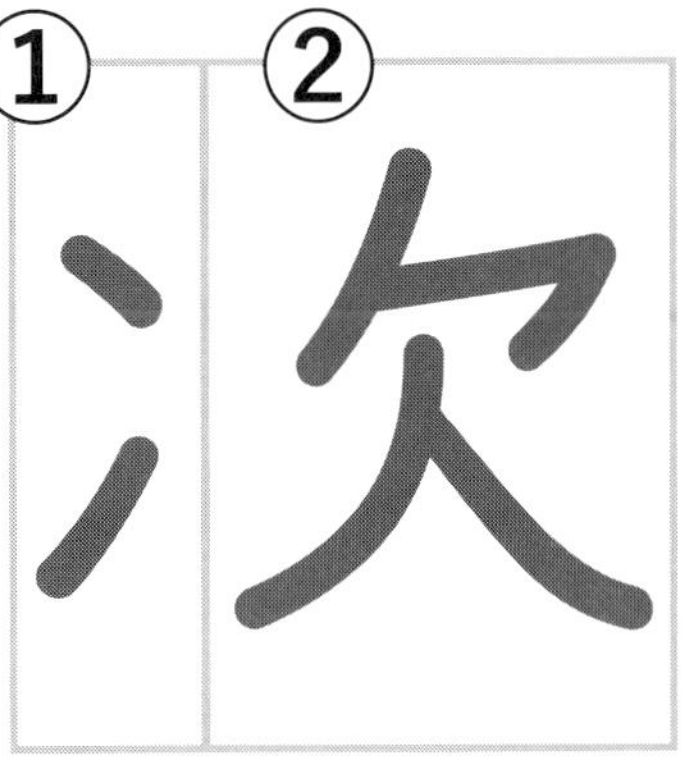

◆つぎ、つ－ぐ

ジ、シ

●次（つぎ）は体育《たいいく》の時間《じかん》だ。

自己《じこ》ベストに次（つ）ぐ記録《きろく》を出《だ》す。

次回（じかい）は最終回《さいしゅうかい》です。

次第（しだい）に大《おお》きくなる。

事

事

◆こと

ジ、ズ

●事（こと）の真相《しんそう》にせまる。

事実（じじつ）を確認《かくにん》する。

持

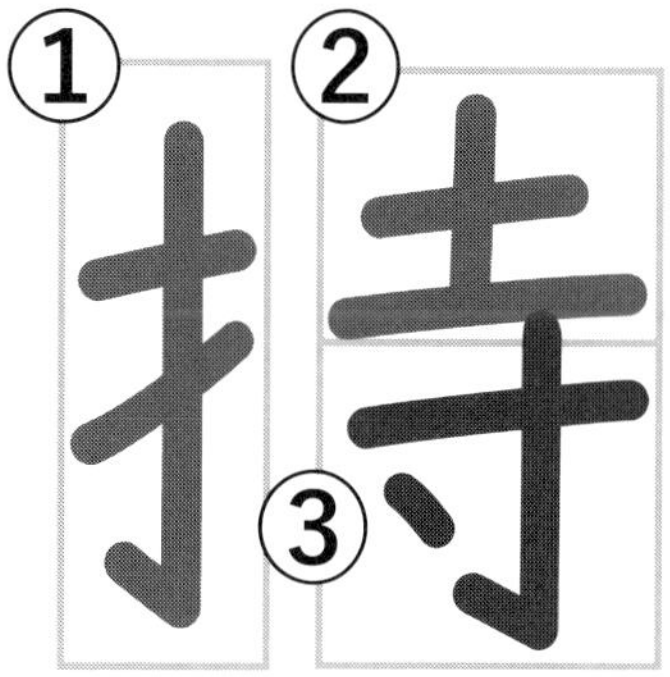

◆も－つ

ジ

●かばんを持（も）つ。

上《うわ》ばきを持参（じ さん）してください。

持参＝持《も》ってくること。持《も》っていくこと。

式

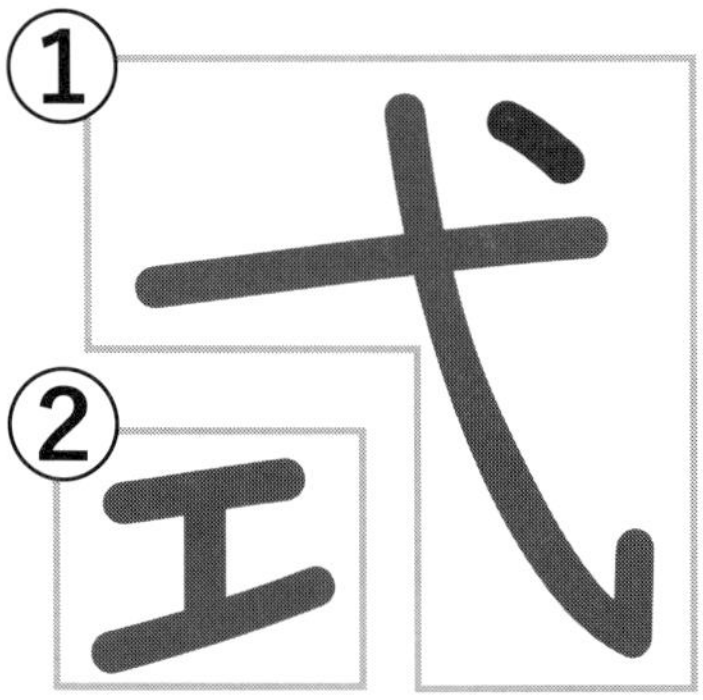

決《き》まったやり方《かた》

◆ー

シキ

●入学式（にゅう　がく　しき）

算数《さんすう》の式（しき）と答《こた》え

3+1=4

実

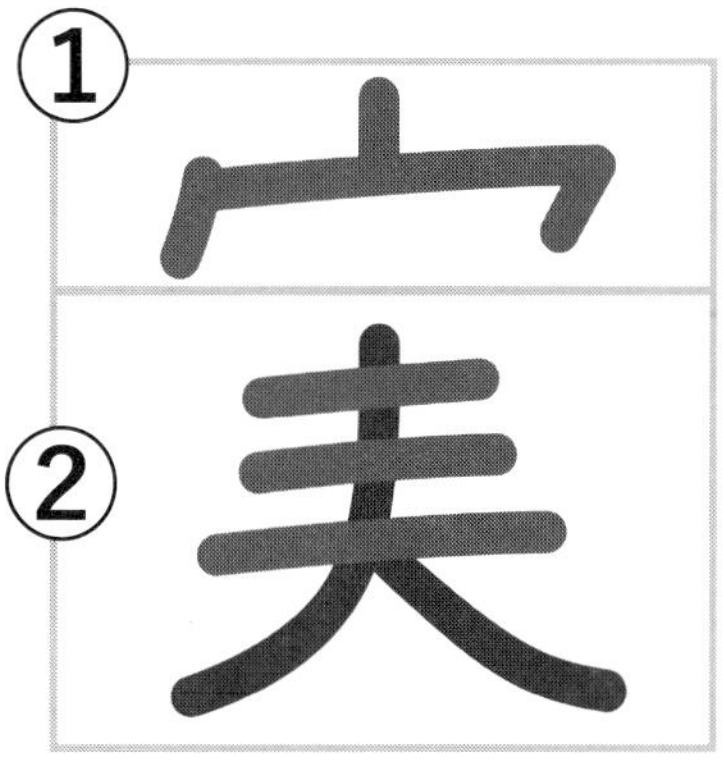

◆み、みの－る

ジツ

●りんごの実（み）がなる。

努力《どりょく》が実（みの）る。

実力（じつ りょく）

事実（じ じつ）

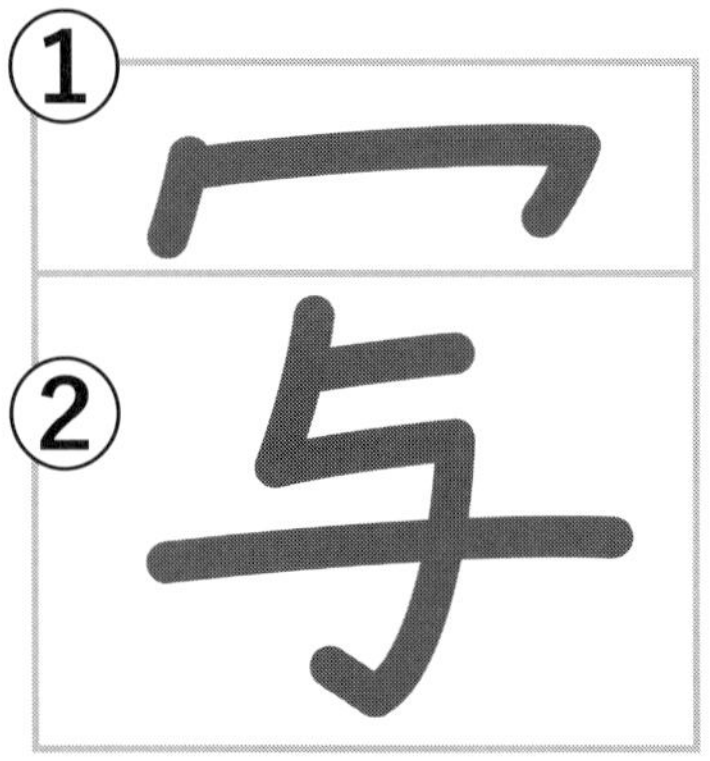

写

◆うつ−す、うつ−る

シャ

●ノートに書《か》き写（うつ）す。
下《した》の紙《かみ》までインクが写（うつ）る。
写真（しゃしん）をとる。

者

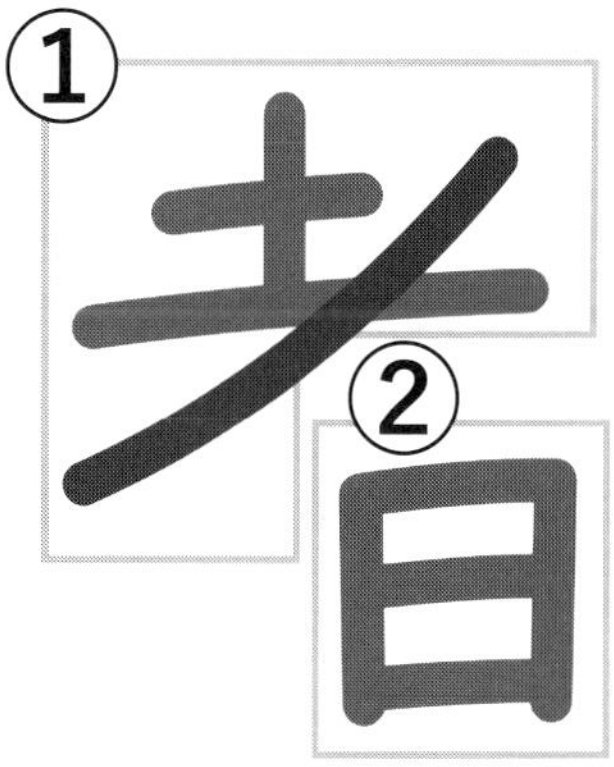

◆もの

シャ

●人気者（にんき もの）

作者（さく しゃ）

医者（い しゃ）

人《ひと》を指《さ》すことば

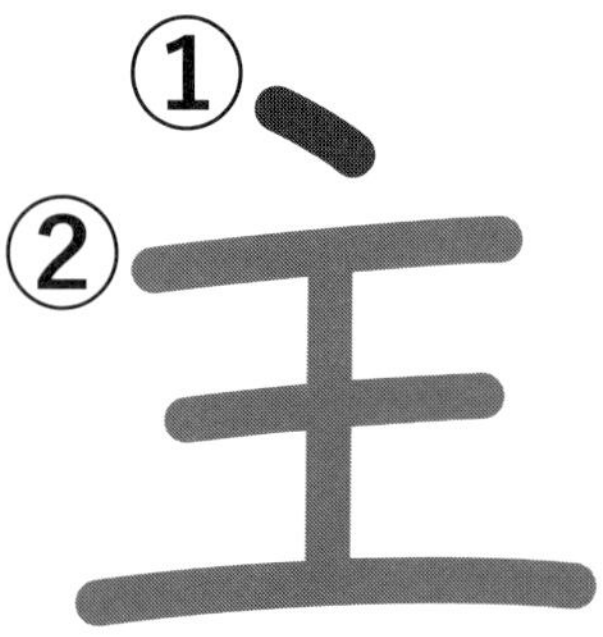

主

◆ぬし、おも

シュ、ス

●声《こえ》の主（ぬし）

主（おも）な読《よ》み方《かた》

ドラマの主役（しゅやく）

守

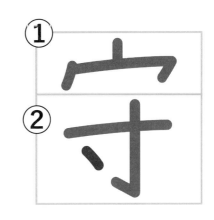

①
②

◆まもーる、もり
シュ、ス

●ルールを守（まも）る。
子守（こ　もり）をする。
サッカーの守備（しゅ　び）
家《いえ》を留守（る　す）にする。

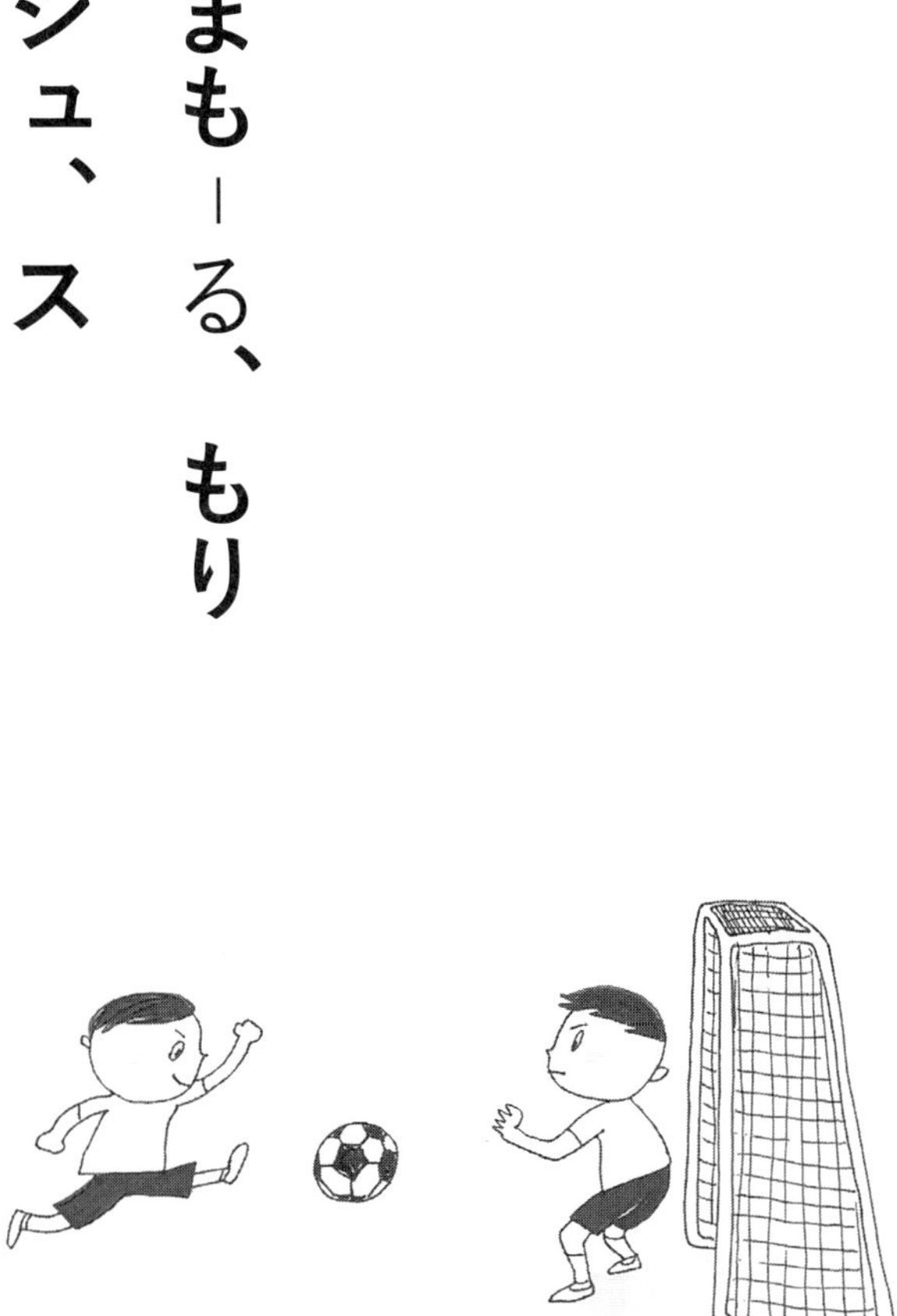

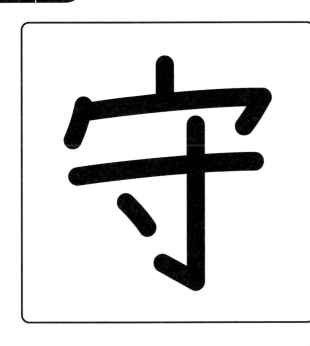

取

①耳 ②又

◆とーる

シュ

●テストで満点《まんてん》を取（と）る。

資格《しかく》を取得（しゅ　とく）する。

取得＝手《て》に入《い》れること。

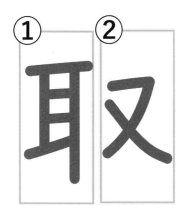

酒

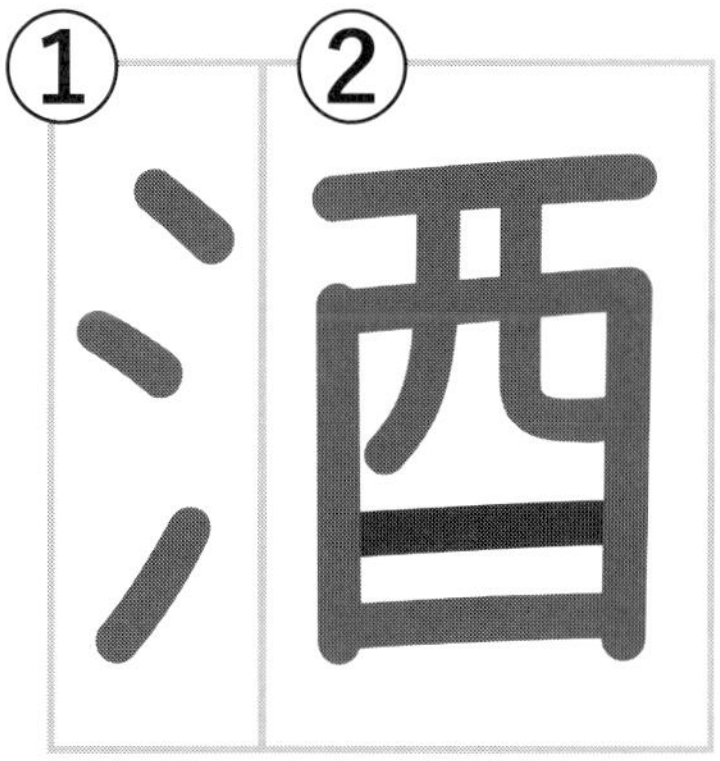

◆さけ、さか
シュ

●お酒（さけ）を飲《の》む。
酒屋（さかや）
日本酒（にほんしゅ）

受

◆**う**－ける、**う**－かる

ジュ

●アドバイスを受（う）ける。

試験《しけん》に受（う）かる。

受賞（じゅしょう）

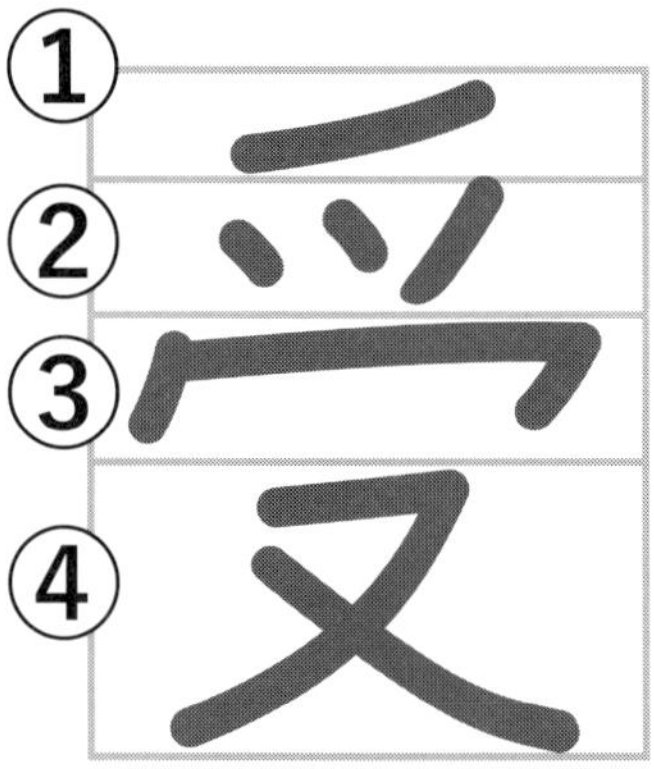

州

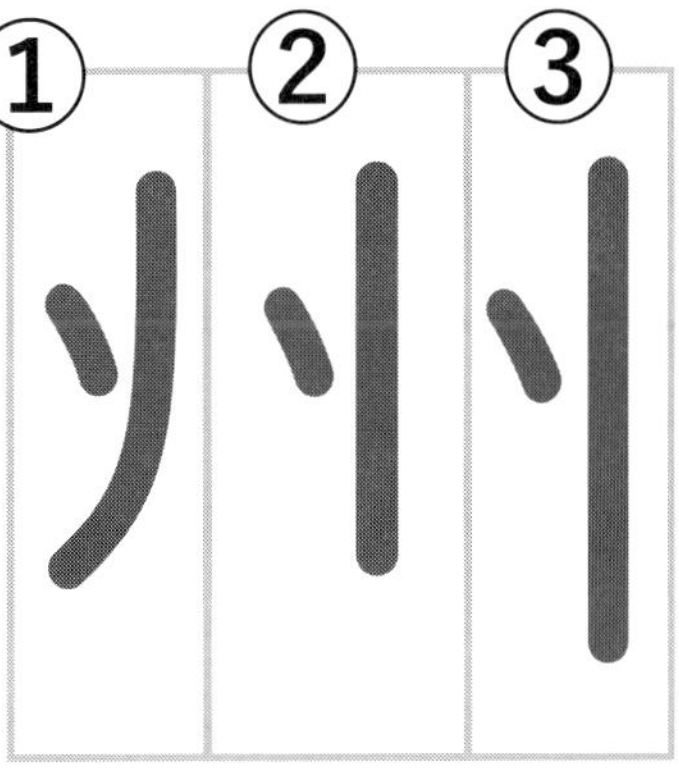

◆す

シュウ

●中州（なかす）

アメリカ合衆国《がっしゅうこく》には50の州（しゅう）がある。

九州（きゅうしゅう）地方《ちほう》

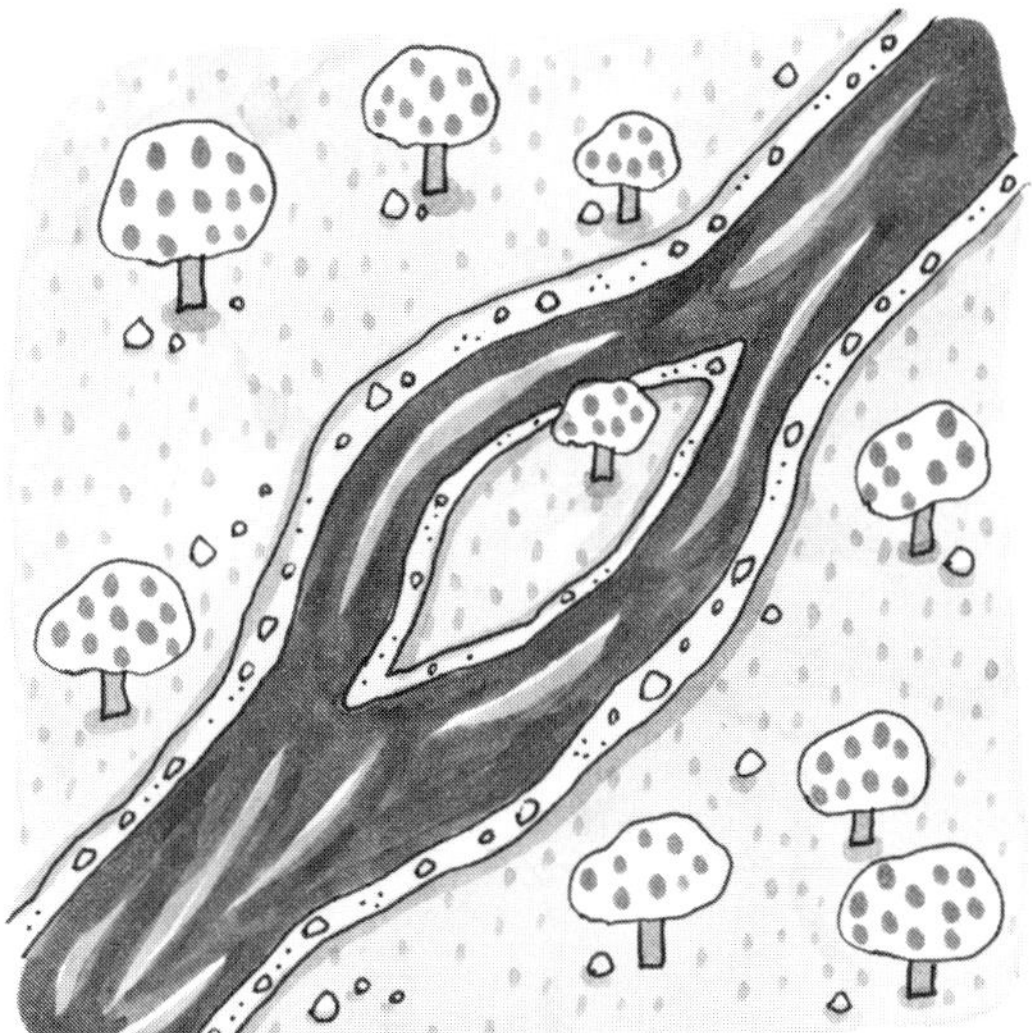

川《かわ》の中《なか》の陸《りく》／国内《こくない》の地方《ちほう》

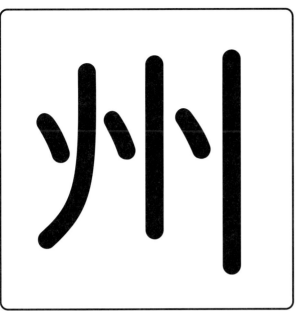

拾

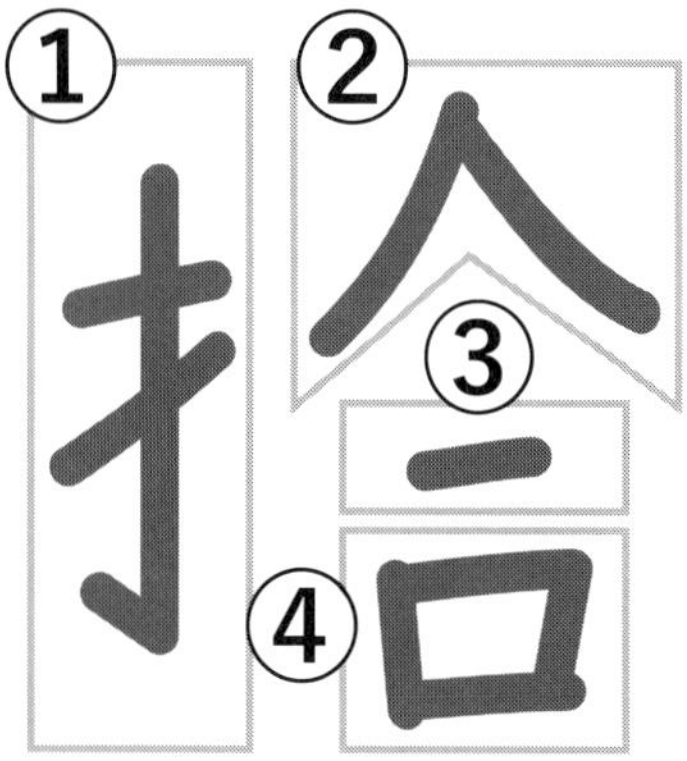

◆ひろ－う

シュウ、ジュウ

●石《いし》を拾（ひろ）う。

拾得物（しゅう　とく　ぶつ）

＝人《ひと》が落《お》として失《な》くしたものをだれかが拾《ひろ》ったもの。

拾万円（じゅう　まん　えん）

終

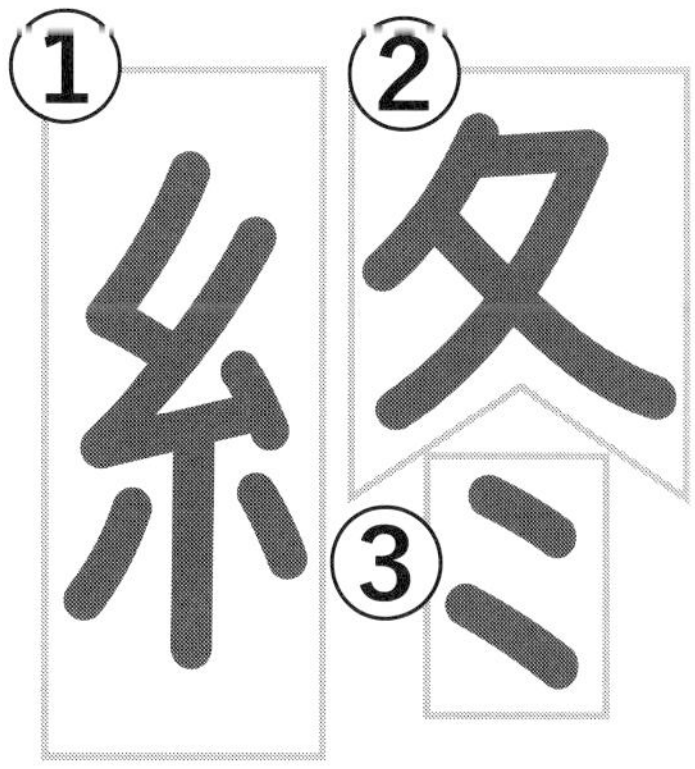

◆お－わる、お－える

シュウ

●宿題《しゅくだい》を終（お）える。

二学期《にがっき》が終（お）わる。

終点（しゅう てん）

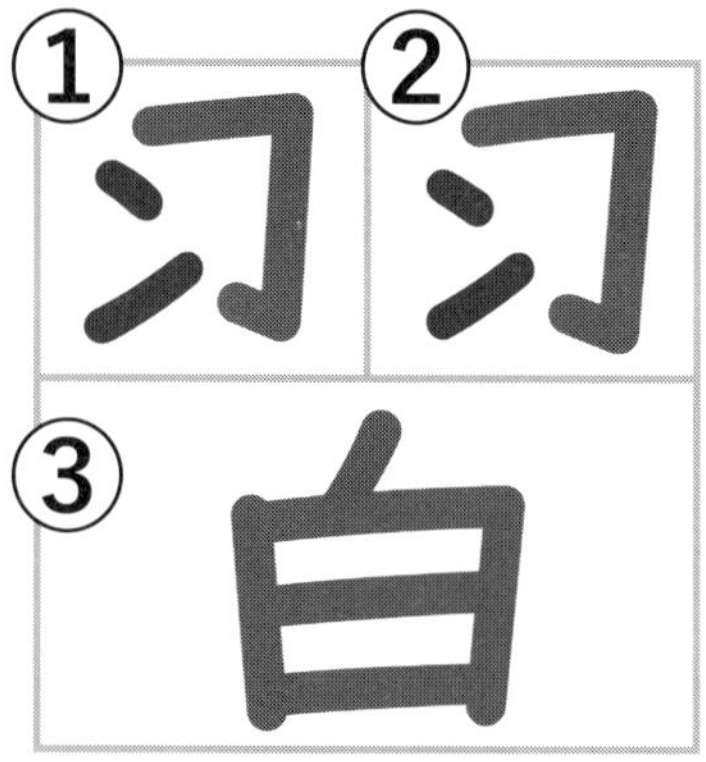

習

◆なら－う

シュウ

●料理《りょうり》を習（なら）う。

習字（しゅうじ）

学習（がく　しゅう）

集

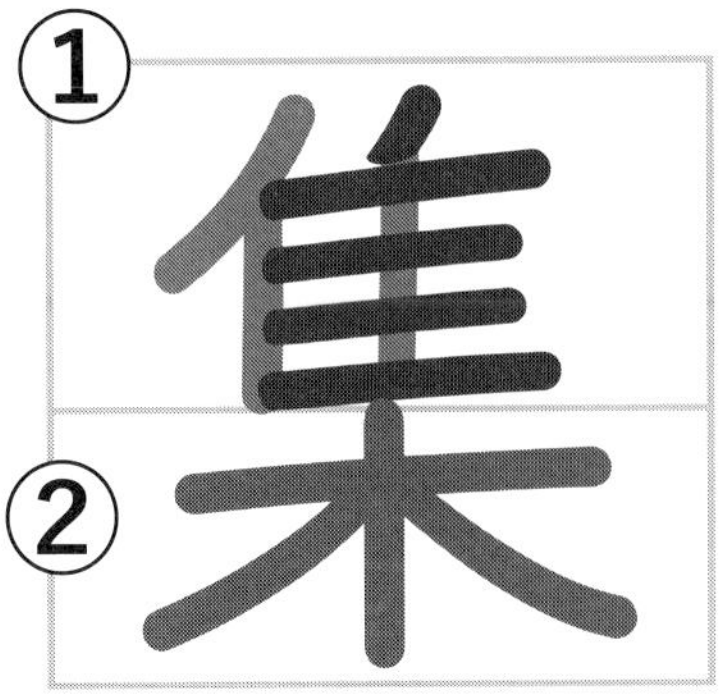

◆あつ－まる、あつ－める、
つど－う
シュウ

●意見《いけん》を集（あつ）める。
小鳥《ことり》が集（あつ）まる。
仲間《なかま》が集（つど）う。
集合（しゅう ごう）

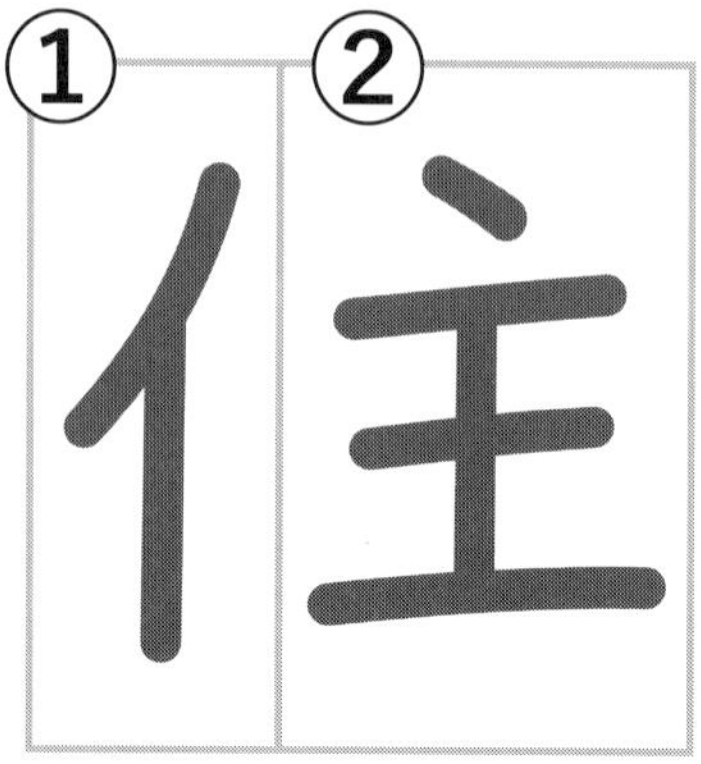

住

◆す－む、す－まう
ジュウ

●マンションに住（す）む。
住（す）まい＊を探《さが》す。
住所（じゅうしょ）

重

重

◆え、おも－い、
かさ－ねる、かさ－なる
ジュウ、チョウ

●重（おも）い荷物《にもつ》
二重（ふたえ）まぶた
書類《しょるい》を重（かさ）ねる。
予定《よてい》が重（かさ）なる。
重量（じゅう　りょう）
重複（ちょう　ふく）＝同《おな》じものが重《かさ》なること。

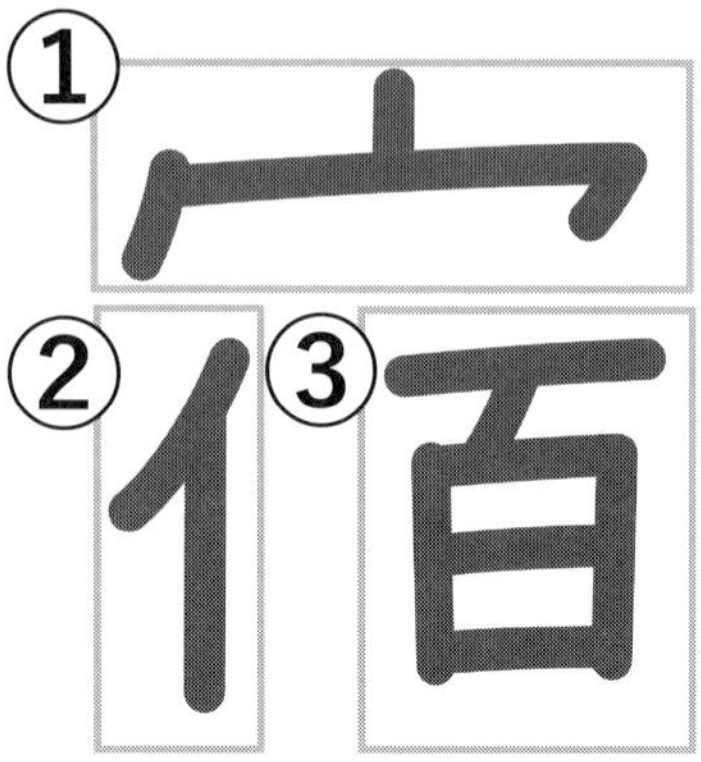

宿

◆やど、やど-る、やど-す

シュク

●宿（やど）を予約《よやく》する。

神《かみ》が宿（やど）る。

子《こ》を宿（やど）す。

宿舎（しゅくしゃ）

所

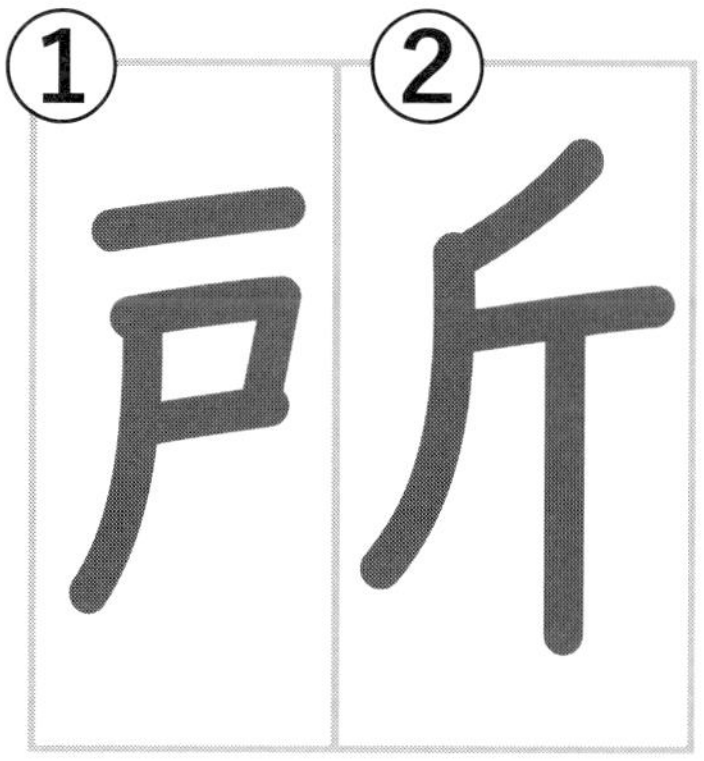

◆ところ

ショ

●風《かぜ》通《とお》しのよい所（ところ）

場所（ば しょ）

暑

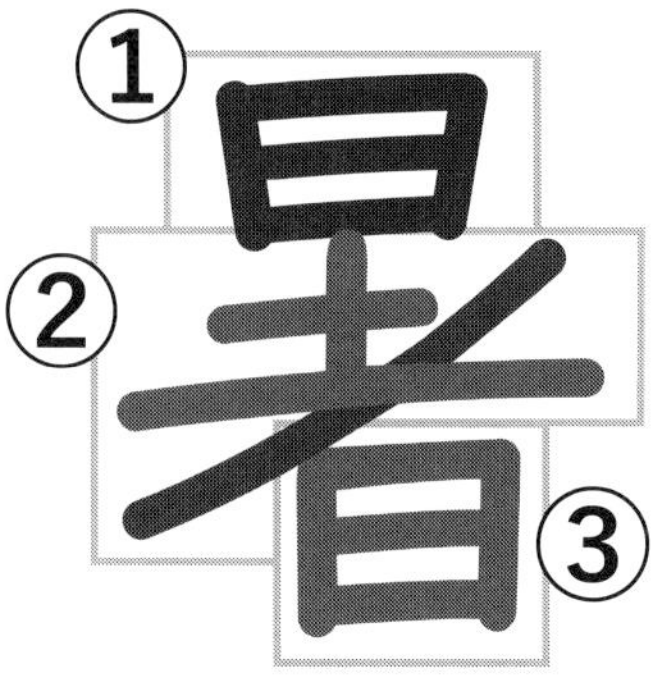

◆あつ－い
ショ
●ひどく暑（あつ）い日《ひ》
残暑（ざんしょ）

助

①
②
助

◆たす－ける、たす－かる、すけ

ジョ

●困《こま》っている人《ひと》を助（たす）ける。
手伝《てつだ》ってもらって助（たす）かる。
助（すけ）っ人《と》
助言（じょげん）

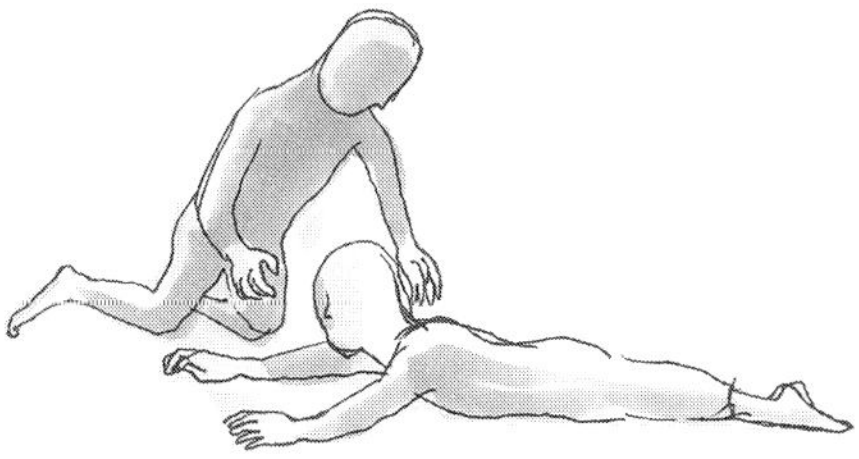

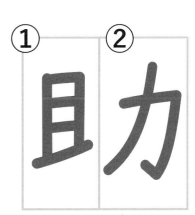

昭

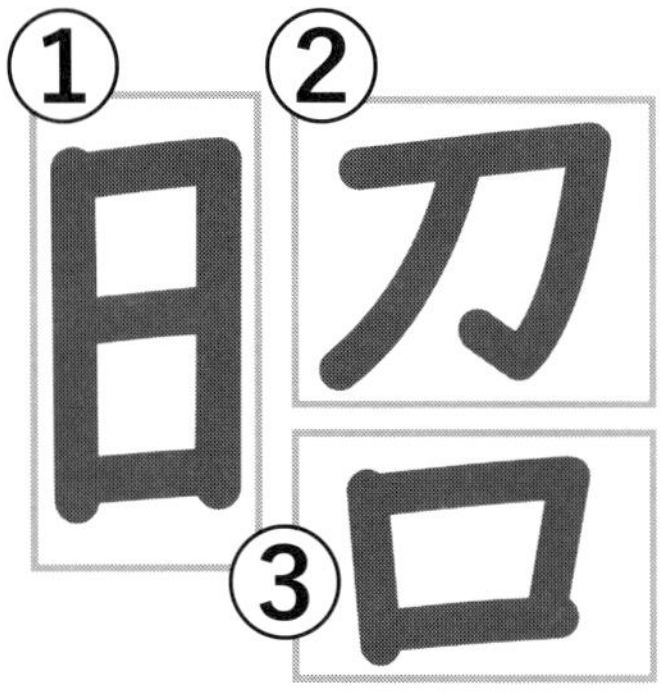

明《あか》るくかがやく

◆ —

ショウ

●昭和（しょうわ）時代《じだい》

消

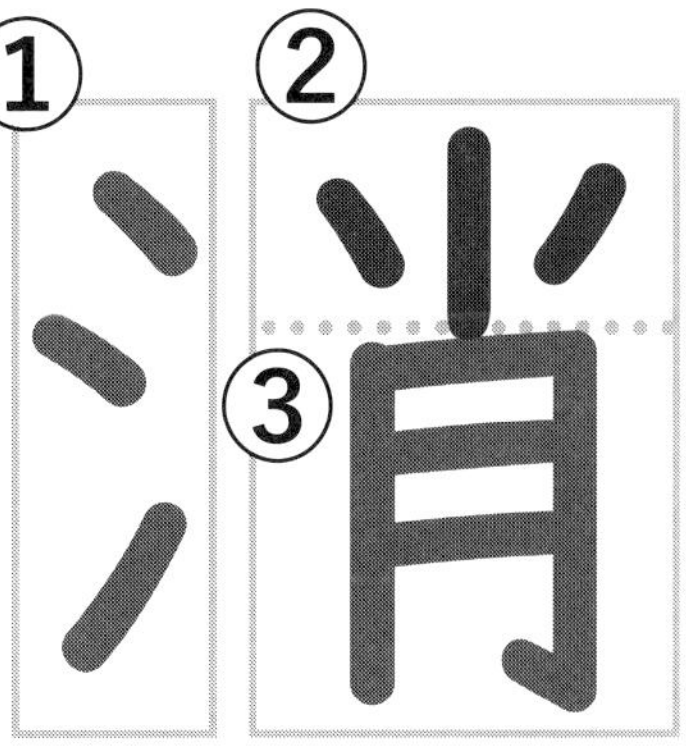

◆きーえる、けーす
ショウ

●火《ひ》が消（き）える。
落《らく》書《が》きを消（け）す。
消化（しょうか）する。

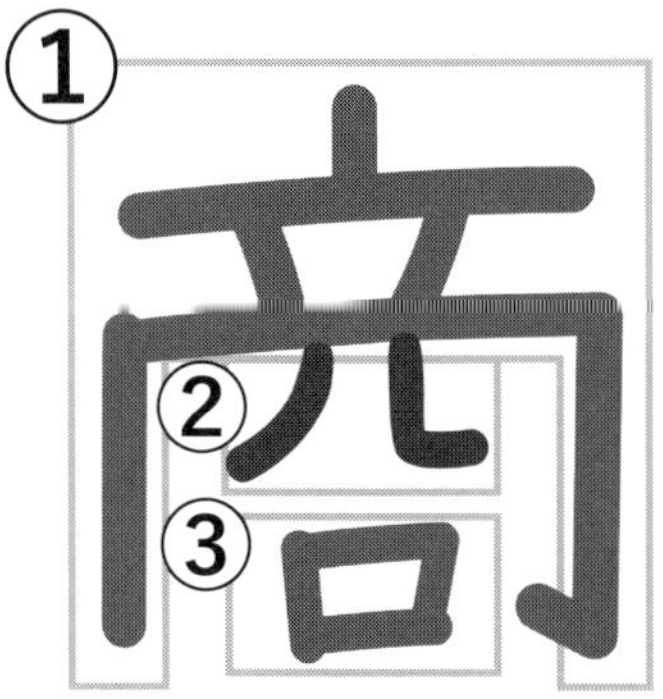

商

◆あきな－う
ショウ

●魚《さかな》を商（あきな）う。
商業（しょう　ぎょう）

章

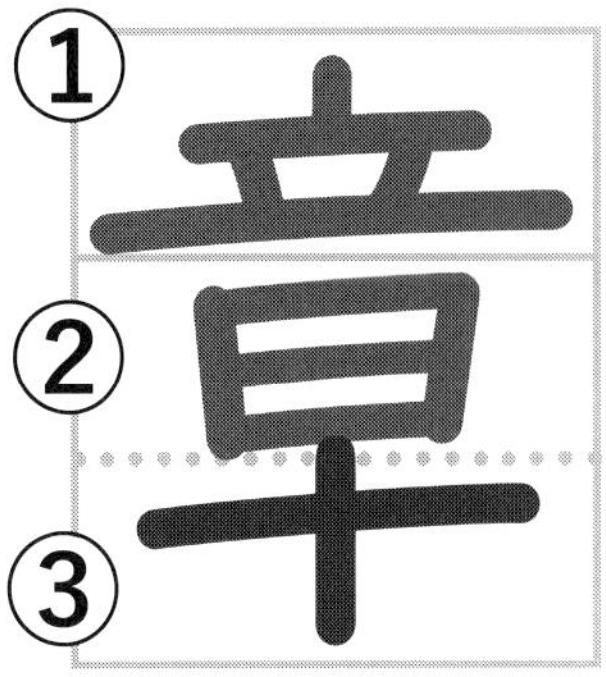

◆ —
ショウ

● 文章（ぶんしょう）
小説《しょうせつ》の第一章（だい　いっ　しょう）

印《しるし》／文《ふみ》／文《ぶん》のひとくぎり

勝

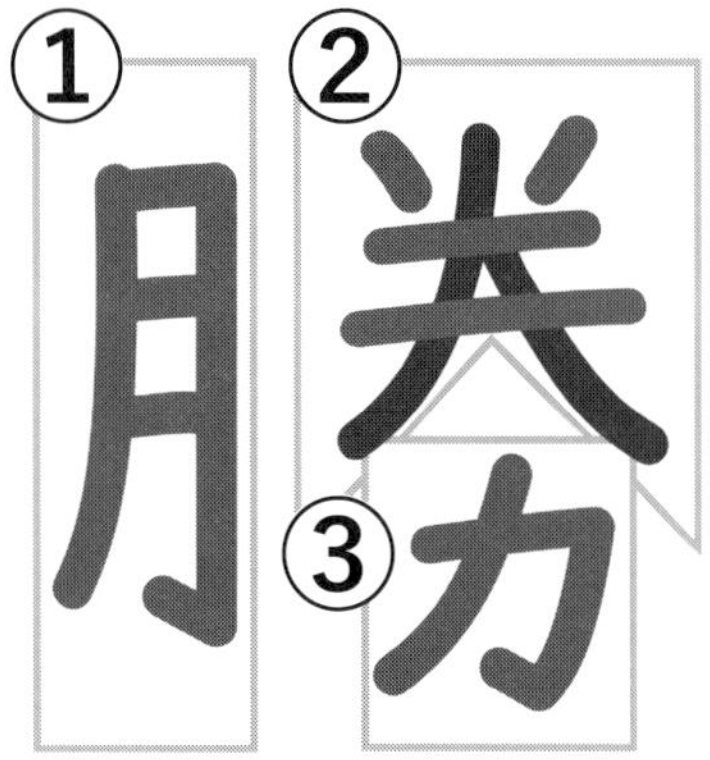

◆か－つ、まさ－る

ショウ

●試合《しあい》に勝（か）つ。

足《あし》の速《はや》さでは相手《あいて》が勝（まさ）る。

勝利（しょうり）

乗

乗

◆のーる、のーせる

ジョウ

●馬《うま》に乗（の）る。

車《くるま》に乗（の）せる。

乗客（じょう きゃく）

乗車（じょう しゃ）

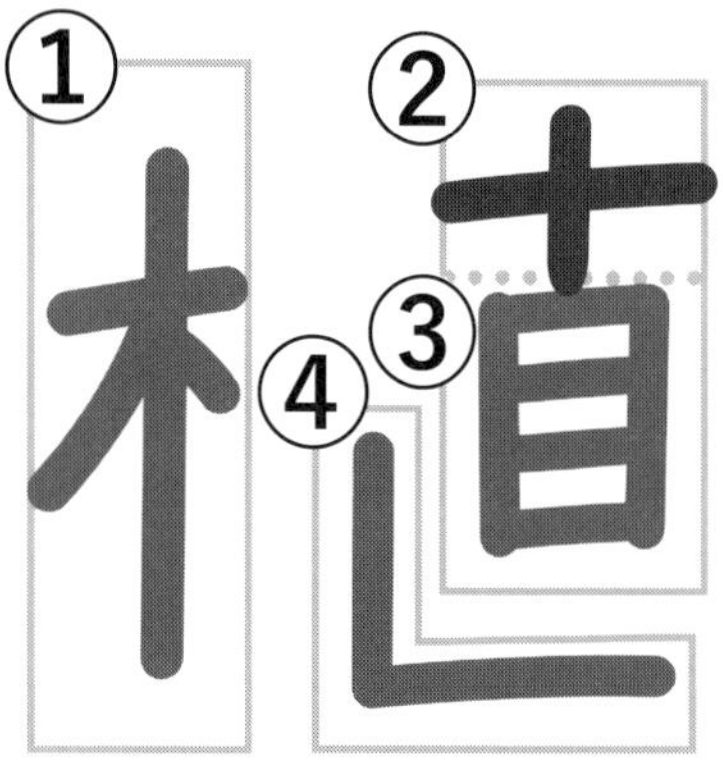

植

◆う－える、う－わる
ショク
●チューリップの球根《きゅうこん》を植（う）える。
松《まつ》の木《き》が植（う）わっている。
植林（しょくりん）

申

◆もう－す

シン

●申（もう）しこみをしめきる。

申（もう）し訳《わけ》ない。

答申（とう しん）

＝立場《たちば》が上《うえ》の人《ひと》の問《と》いに対《たい》して、意見《いけん》を述《の》べること。

所得《しょとく》を申告（しん こく）する。

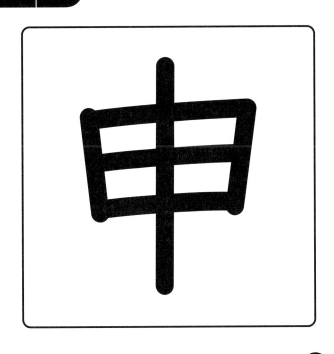

身

◆み

シン

●身（み）をかくす。

身（み）動《うご》きがとれない。

身長（しんちょう）

全身（ぜんしん）

神

①礻 ②申

◆かみ、かん、こう

シン、ジン

●神様（かみ さま）

神主（かん ぬし）＝神社《じんじゃ》に仕《つか》える人《ひと》。

神戸市（こう べ し）

神経（しん けい）の病気《びょうき》

神社（じん じゃ）

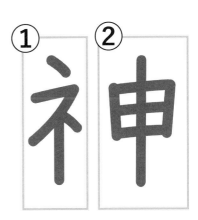

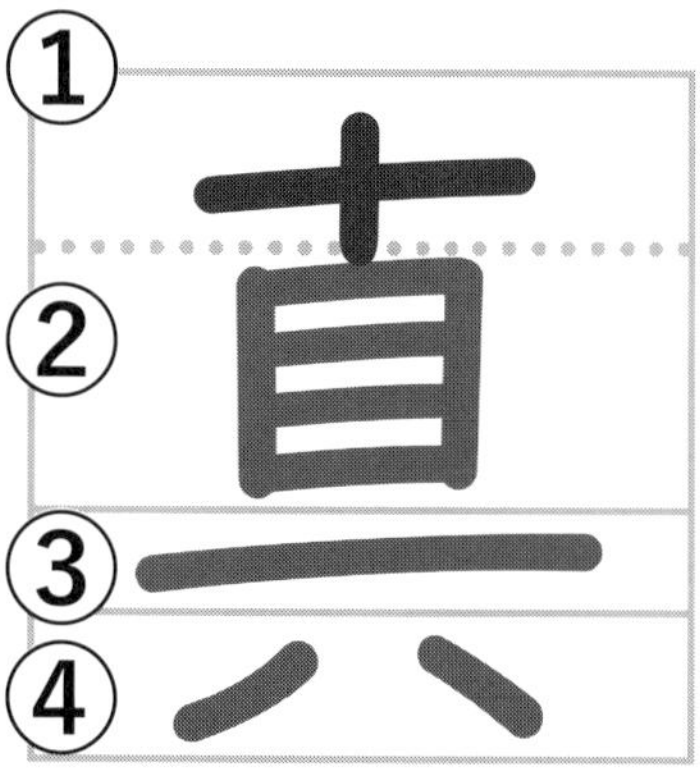

真

◆ま

シン

●真心（まごころ）

真（ま）に受《う》ける。＝ほんとうだと思《おも》う。

真実（しんじつ）を知《し》る。

深

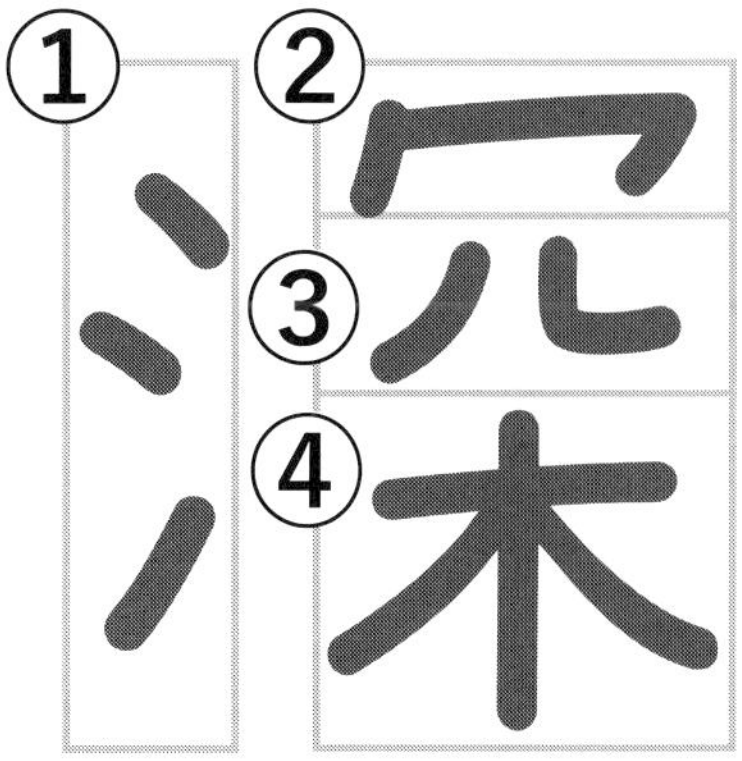

◆ふか－い、
ふか－まる、ふか－める
シン

●深（ふか）い海《うみ》
疑《うたが》いが深（ふか）まる。
関心《かんしん》を深（ふか）める。
深海（しんかい）

進

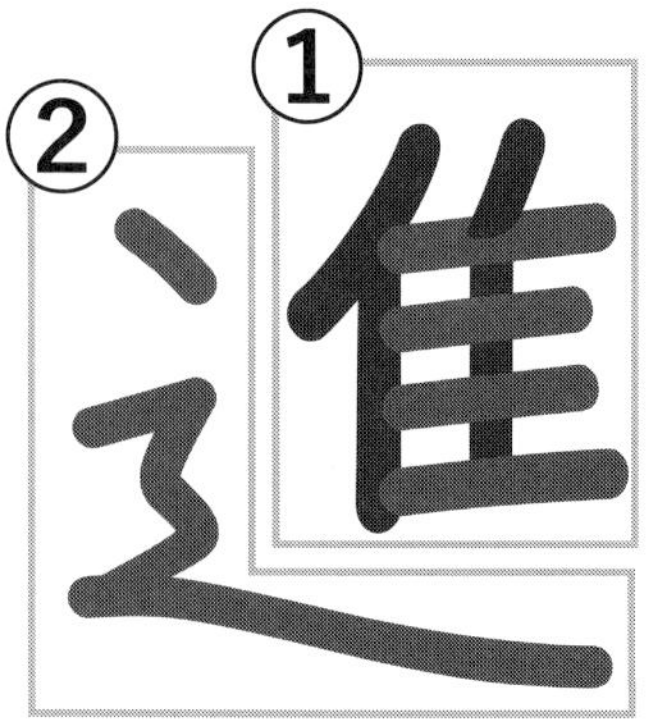

◆すすーむ、すすーめる

シン

●まっすぐ進（すす）む。

計画通《けいかくどお》りに進（すす）める。

進路（しんろ）を決《き》める。

世

◆よ
セイ、セ

●世（よ）の中は広《ひろ》い。
二十一《にじゅういっ》世紀（せいき）
世界（せかい）の名作《めいさく》
世代別（せだいべつ）の人気《にんき》ソング

整

①束 ②攵 ③正

◆ととのーえる、ととのーう
セイ

●体《からだ》の調子《ちょうし》を整（ととの）える。
隊列《たいれつ》が整（ととの）う。
たなを整理（せいり）する。

昔

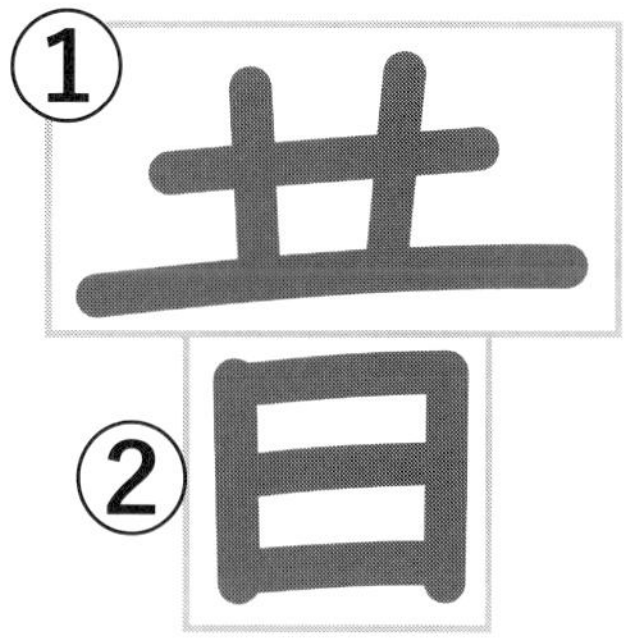

◆むかし
セキ、シャク

●昔話（むかし ばなし）
昔日（せき じつ）
＝むかし。過去《かこ》の日《ひ》のこと。
今昔（こん じゃく）＊

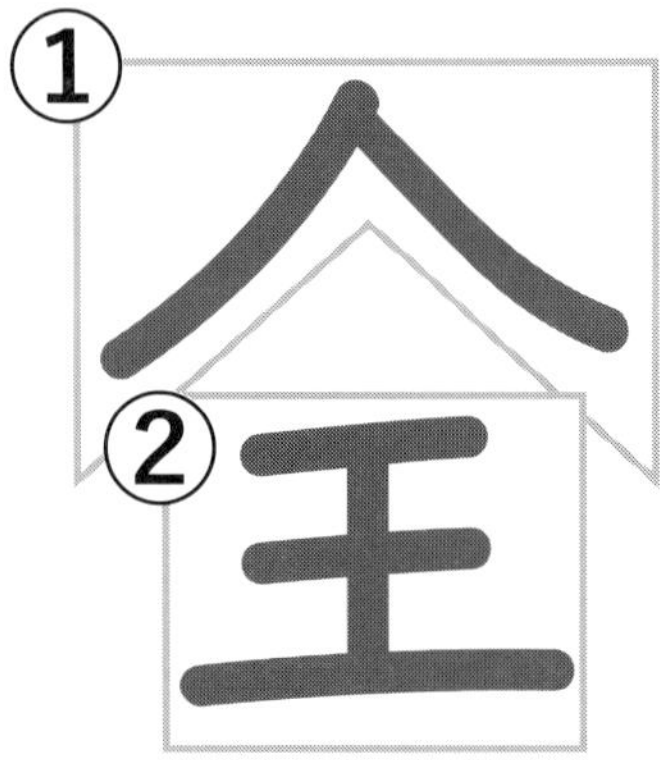

全

◆すべーて、まったーく
ゼン
●全（すべ）ての人《ひと》びと
全（まった）く同《おな》じ
全部（ぜんぶ）洗《あら》い流《なが》す。
全員（ぜんいん）がそろう。
安全（あんぜん）運転《うんてん》

相

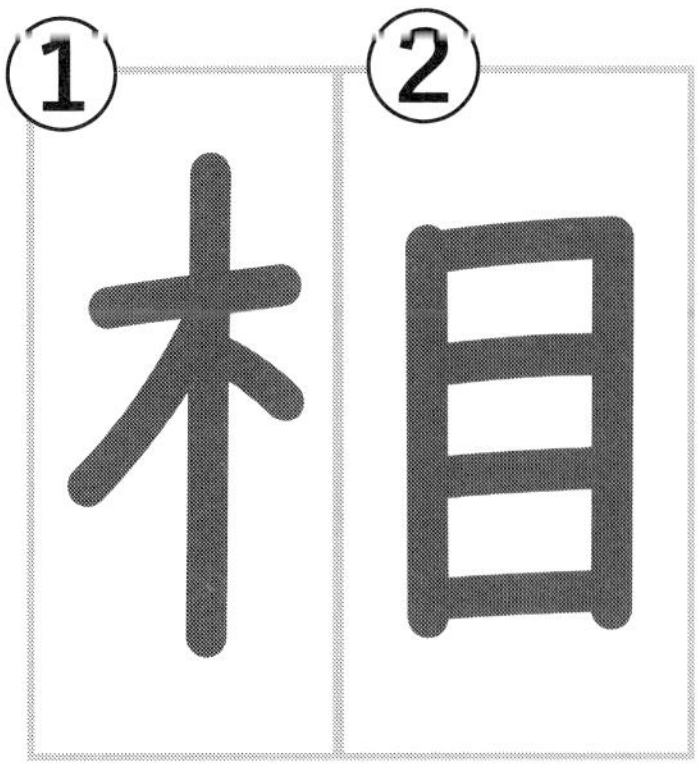

◆あい
ソウ、ショウ

●相手（あいて）の顔《かお》を見《み》る。
事件《じけん》の真相（しんそう）
真相＝本当《ほんとう》の事情《じじょう》・わけ。
先生《せんせい》に相談（そうだん）する。
父《ちち》のい産《さん》を相続（そうぞく）する。
首相（しゅしょう）

ありさま／たがいに／つづいて

送

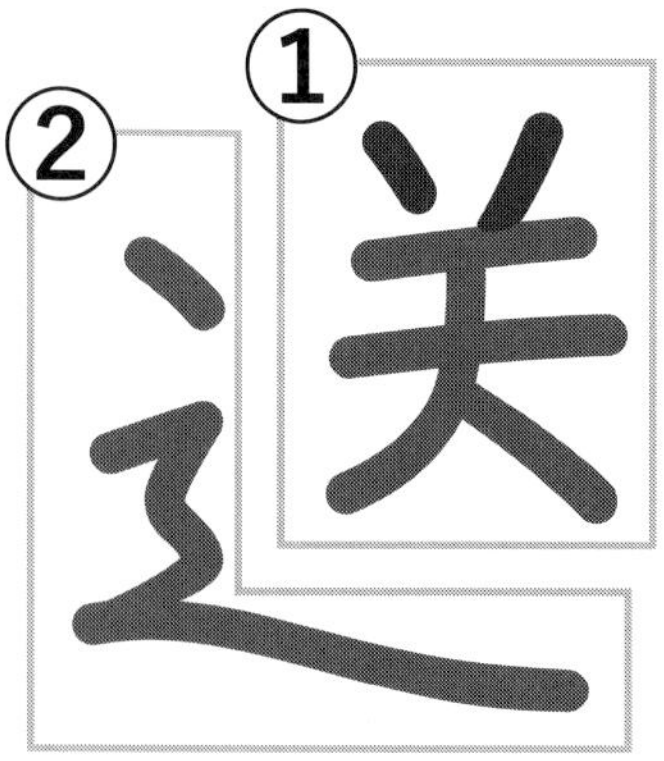

◆おく－る
ソウ

●手紙《てがみ》を送（おく）る。
案内状《あんないじょう》を送付（そうふ）する。
ラジオ放送（ほうそう）

想

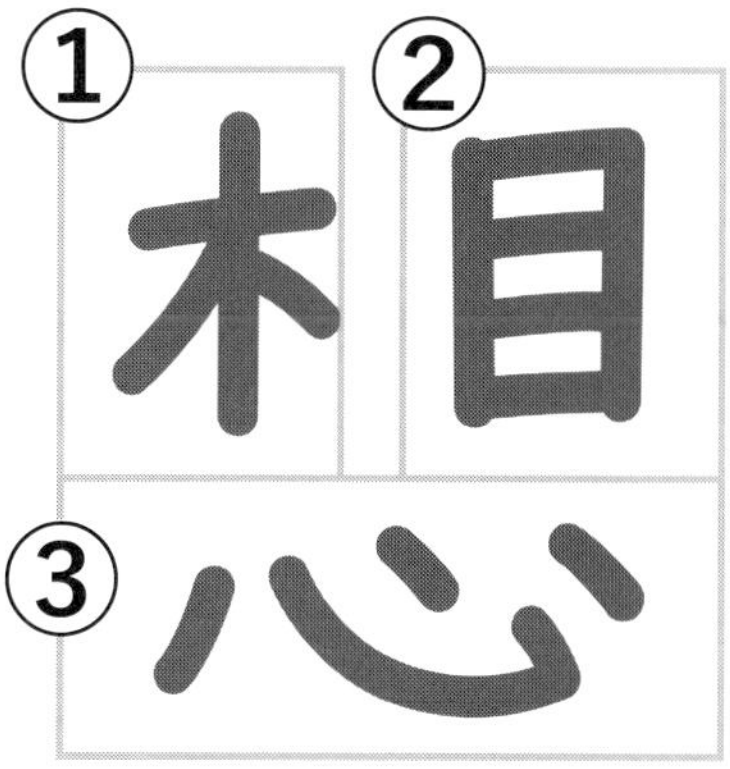

◆おも－う
ソウ、ソ

●故郷《こきょう》を想（おも）う。
想像（そう ぞう）
本《ほん》の感想（かん そう）を言《い》う。
愛想（あい そ）がいい。

息

◆いき
ソク

●大《おお》きく息（いき）をする。
休息（きゅう そく）を取《と》る。

速

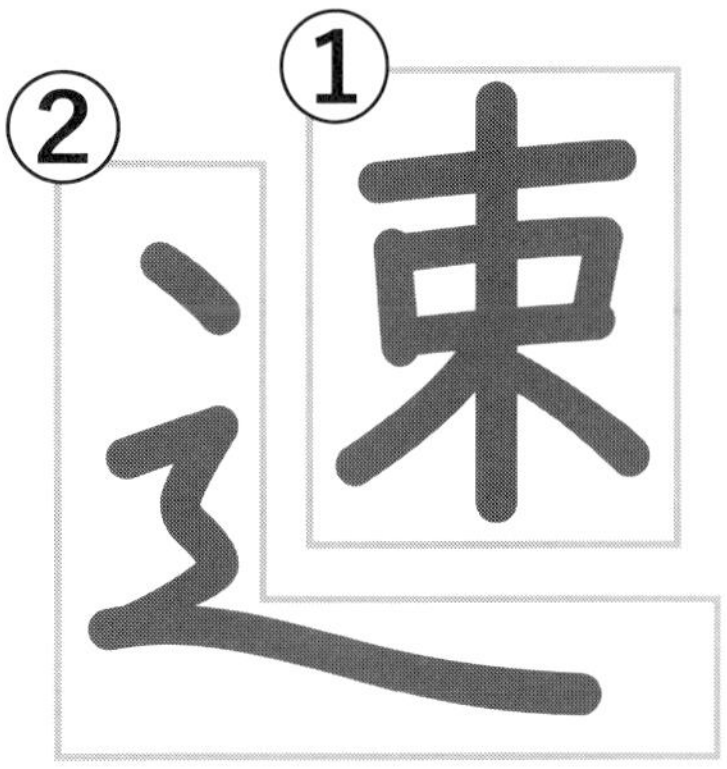

◆はや−い、
はや−める、はや−まる、
すみ−やか
ソク

●流《なが》れが速（はや）い。
足《あし》を速（はや）める。
速（すみ）やかに退場《たいじょう》する。
速度（そくど）

族

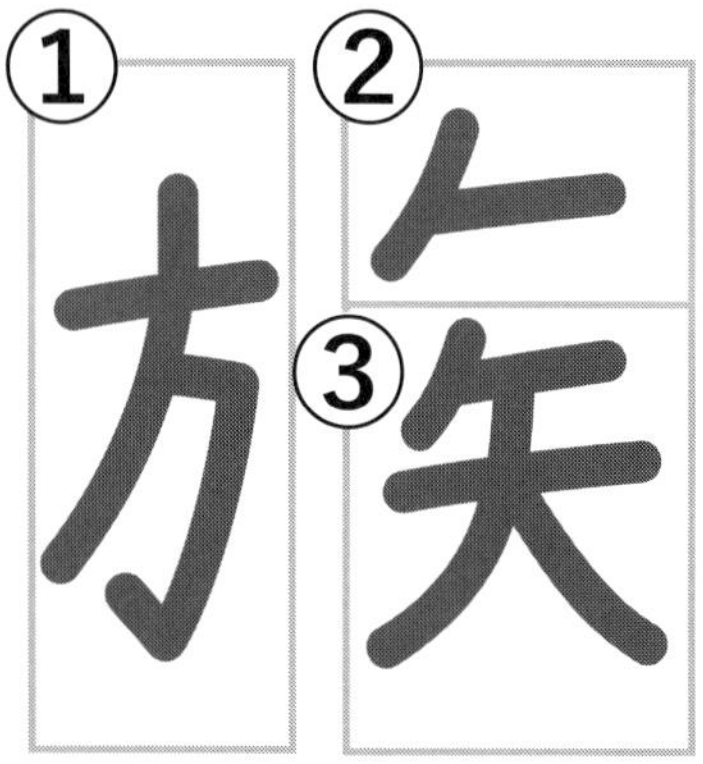

身内《みうち》／なかま

◆ —

ゾク

●家族（かぞく）

水族館（すいぞくかん）に行く。

他

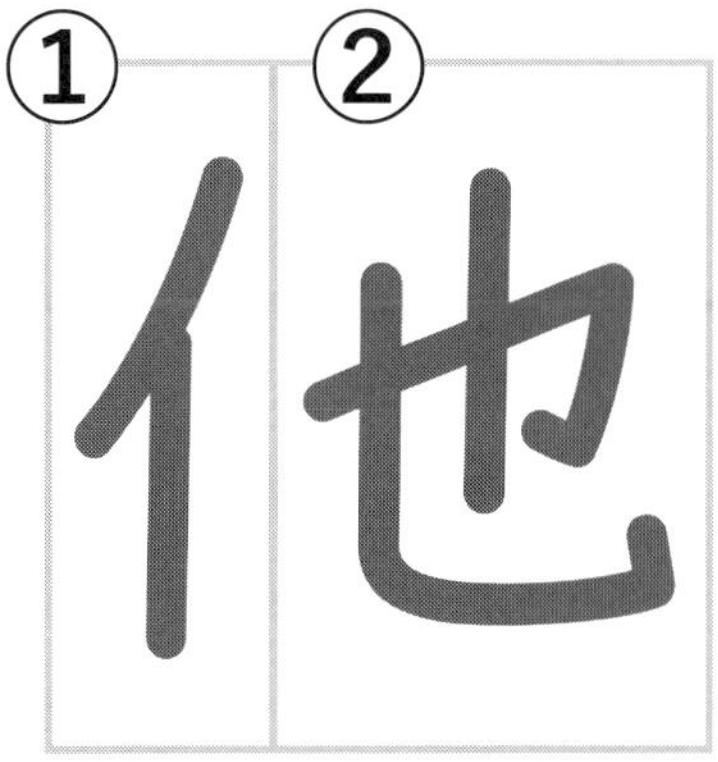

◆ほか

タ

●他（ほか）の意見《いけん》

他人（たにん）

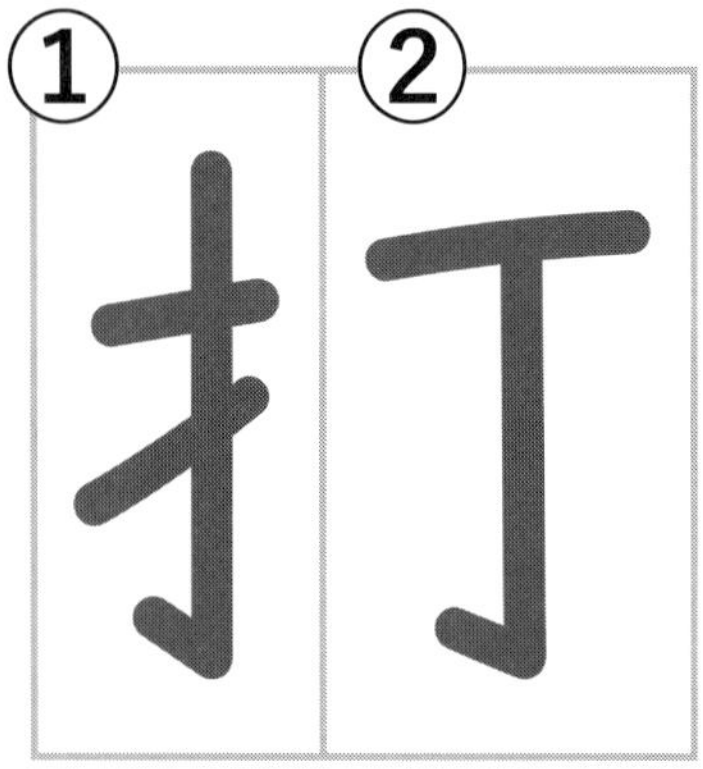

打

◆うーつ

ダ

●ホームランを打（う）つ。

打球（だきゅう）

打楽器（だがっき）

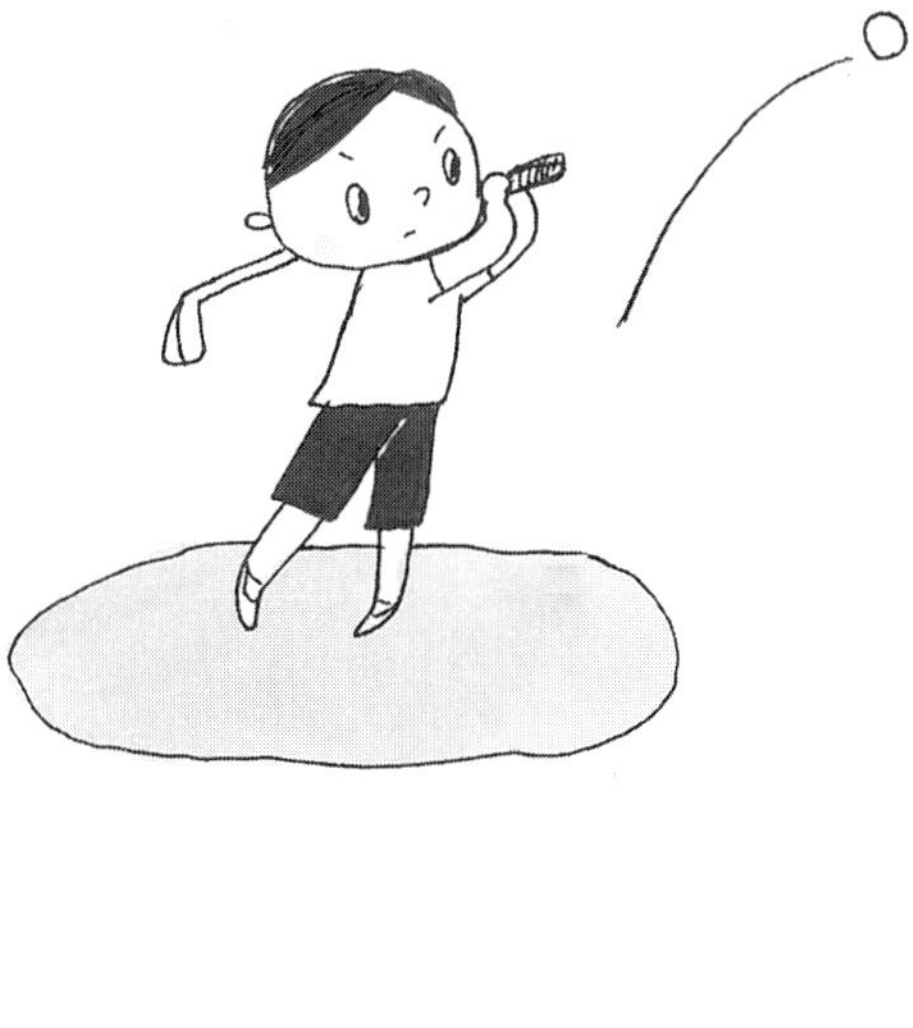

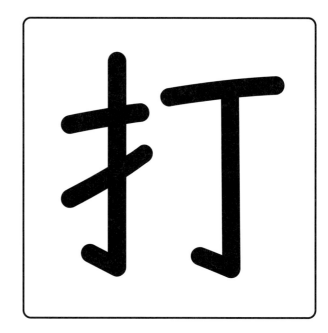

対

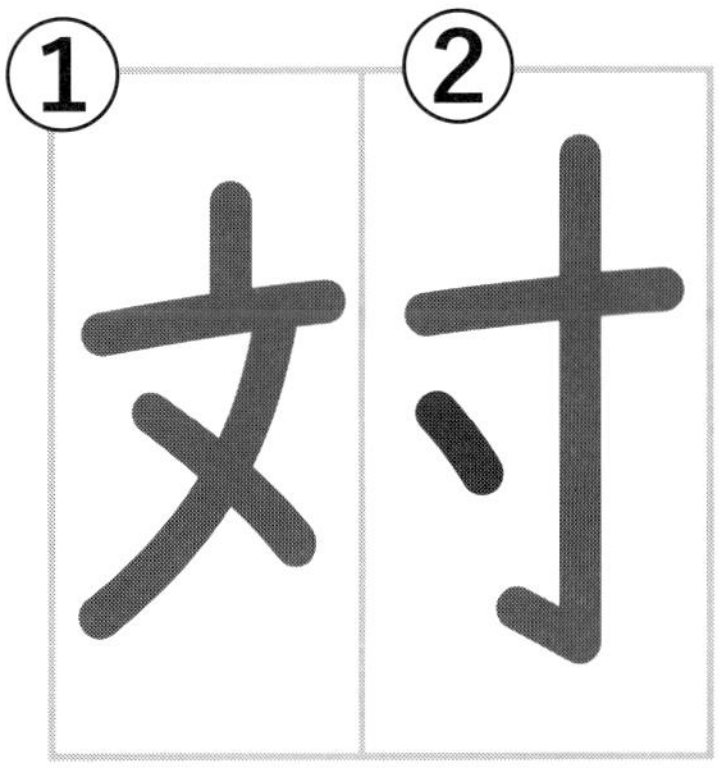

◆―

タイ、ツイ

●初対面（しょ たい めん）

＝初《はじ》めて顔《かお》を合《あ》わせること。

問題《もんだい》に対応（たい おう）する。

上《うえ》と下《した》は対（つい）になる言葉《ことば》

向《む》かい合《あ》う／こたえる

待

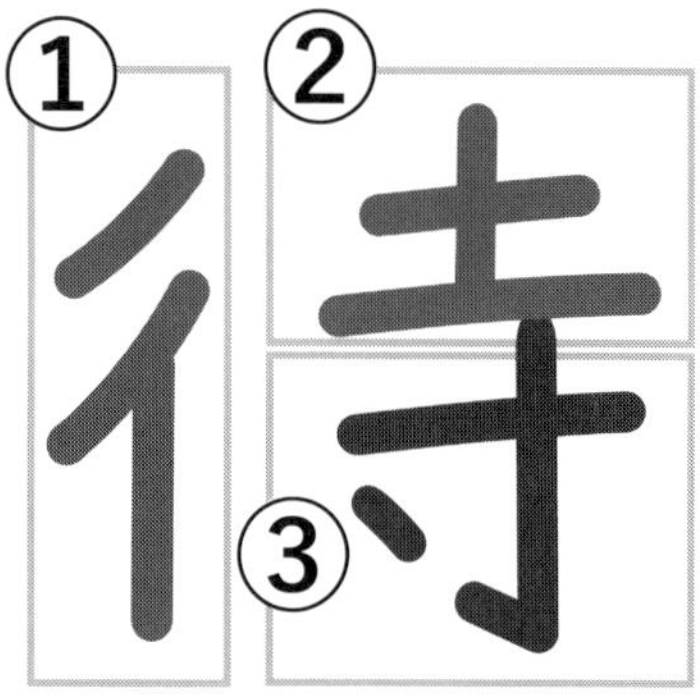

◆まーつ

タイ

●駅《えき》で友《とも》だちを待（ま）つ。

期待（きたい）

パーティーに招待（しょうたい）する。

代

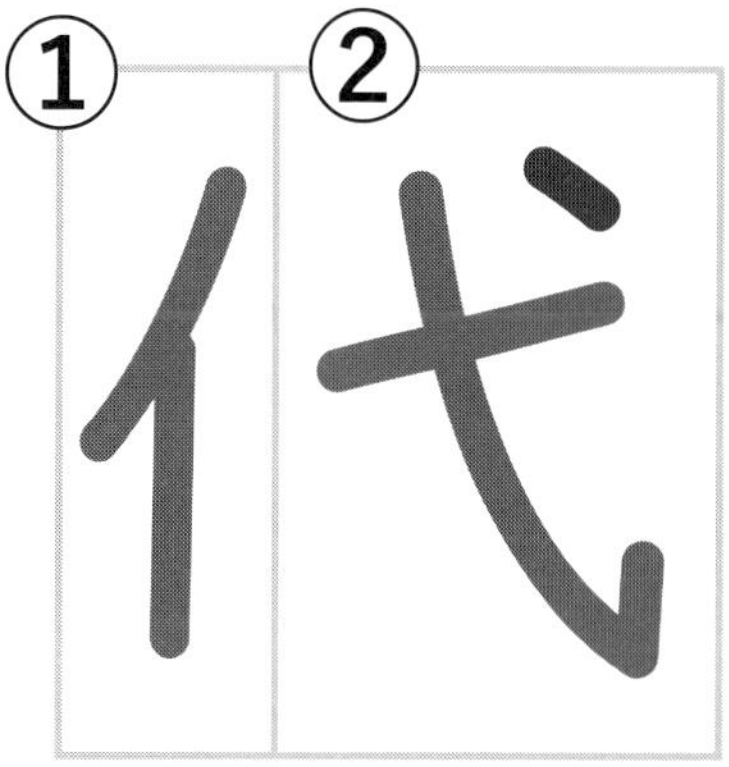

◆か－わる、か－える

よ、しろ

ダイ、タイ

●別《べつ》の人《ひと》に代（か）わる。

けがをした選手《せんしゅ》を代（か）える。

千代紙（ちよがみ）

のり代（しろ）

＝紙《かみ》をはり合《あ》わせる時《とき》にのりをつける部分《ぶぶん》。

代金（だいきん）をはらう。

交代（こうたい）

第

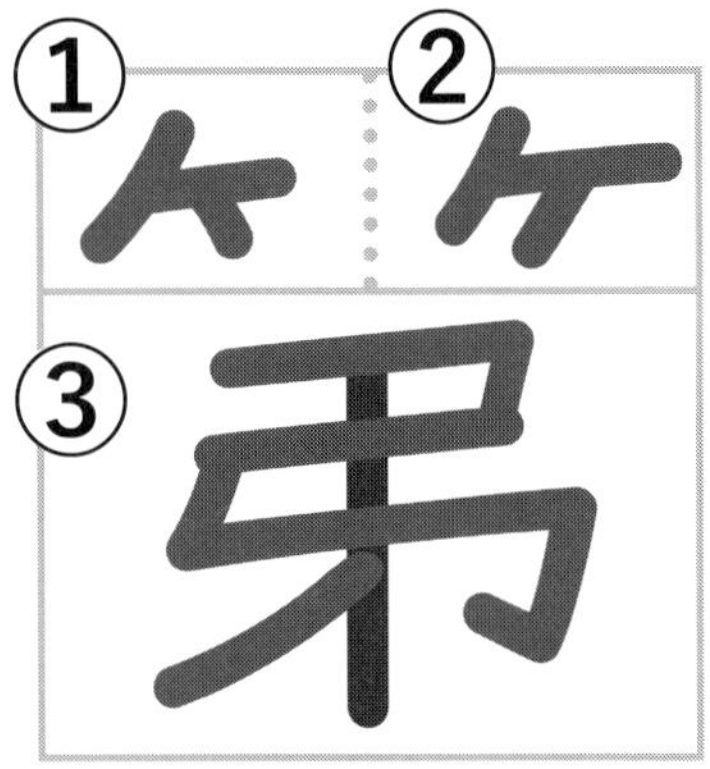

ものの順序《じゅんじょ》

◆ ―

ダイ

● 第一回（だい いっ かい）大会《たいかい》

雨《あめ》が次第（し だい）に強《つよ》くなる。

題

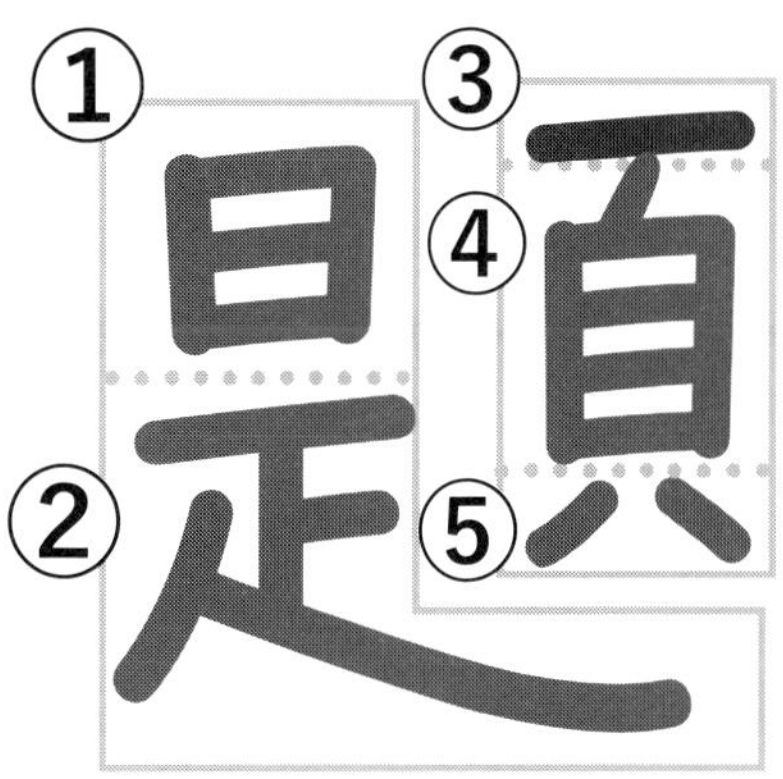

◆ —

● ダイ

題名（だいめい）

宿題（しゅくだい）

話題（わだい）のニュース

見《み》出《だ》し／内容《ないよう》

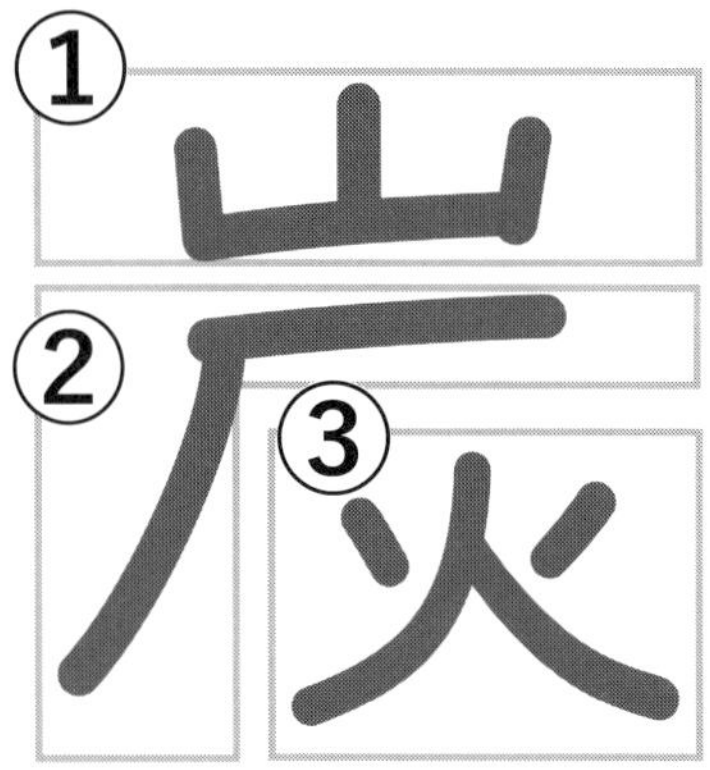

炭

◆すみ
タン
●炭火（すみび）で焼《や》く。
炭酸（たんさん）ソーダ

短

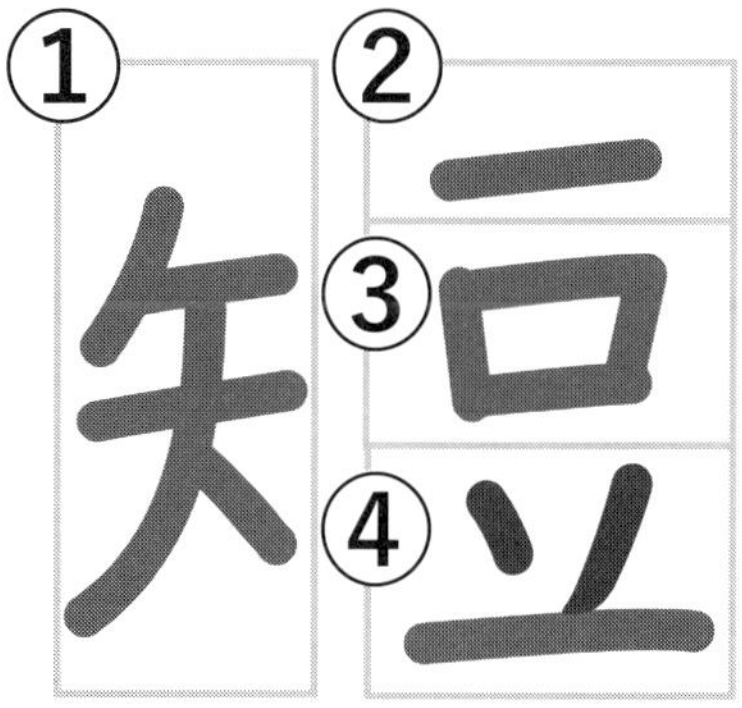

◆みじか-い
タン

●短(みじか)い えんぴつ
短(みじか)い時間《じかん》
短歌(たんか)

談

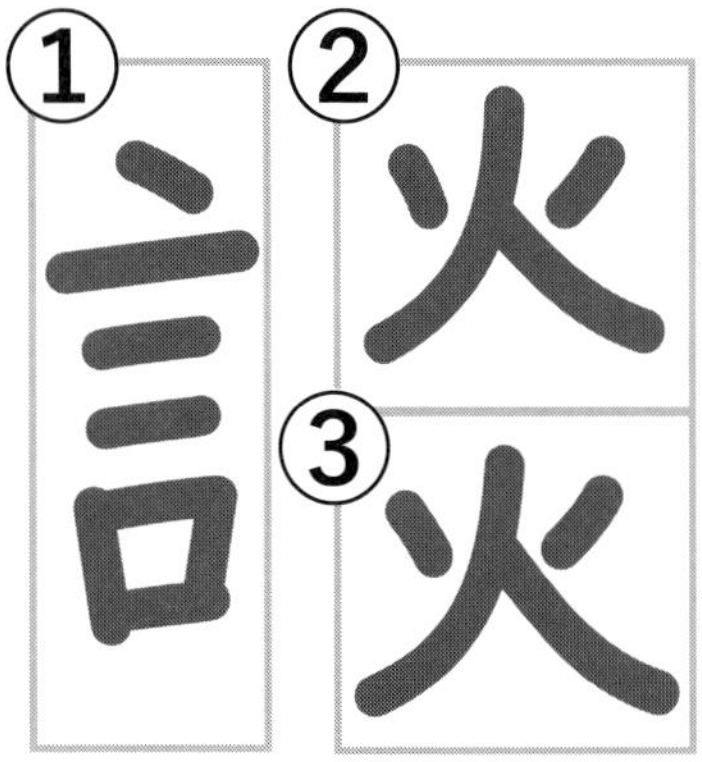

話《はな》し合《あ》う

◆ —

ダン

●面談（めんだん）をする。

にぎやかに談笑（だんしょう）する。

じょう談（だん）を言《い》う。

じょう談＝ふざけて言《い》う話《はなし》。

着

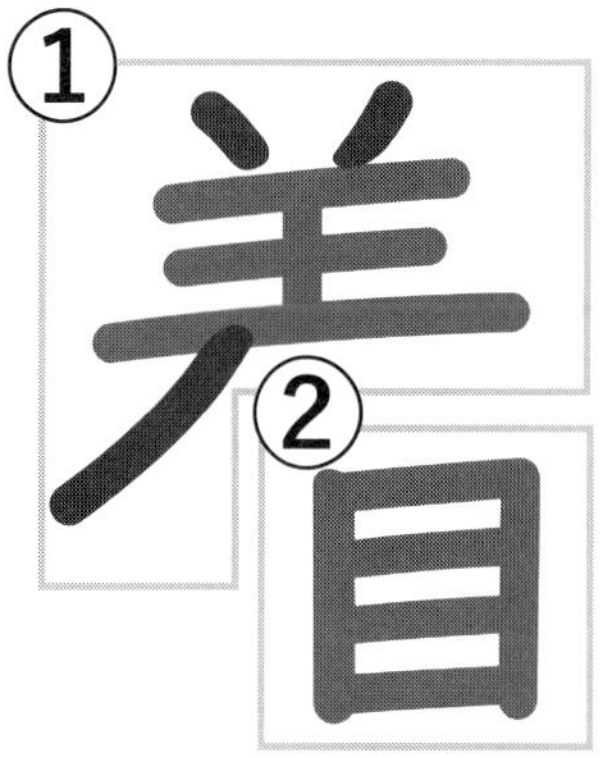

◆き－る、き－せる、
つ－く、つ－ける
チャク、ジャク

●服《ふく》を着（き）る。
目的地《もくてきち》に着（つ）く。
イヤリングを着（つ）ける。
ヘルメットの着用（ちゃくよう）

注

◆そそ－ぐ

チュウ

●水《みず》を注（そそ）ぐ。

注意（ちゅうい）

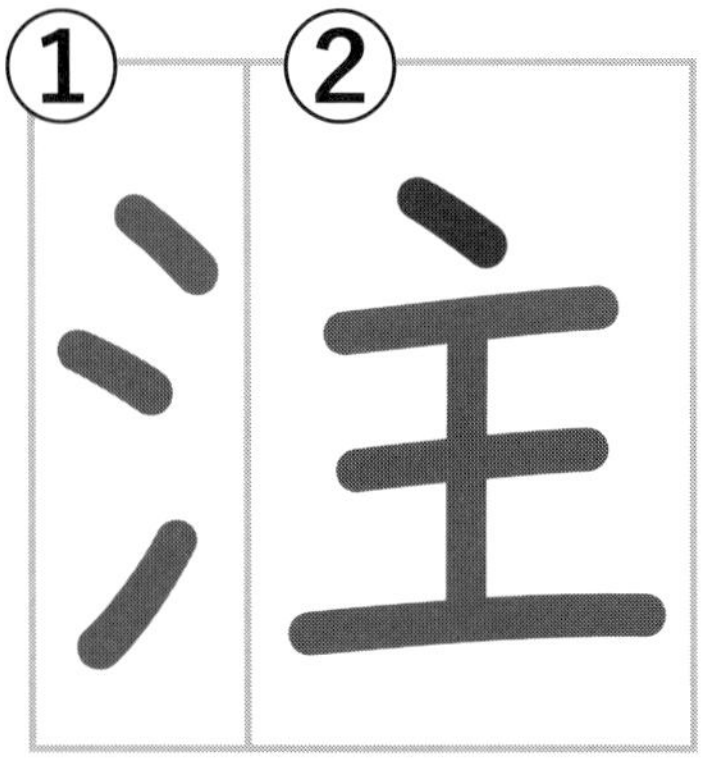

柱

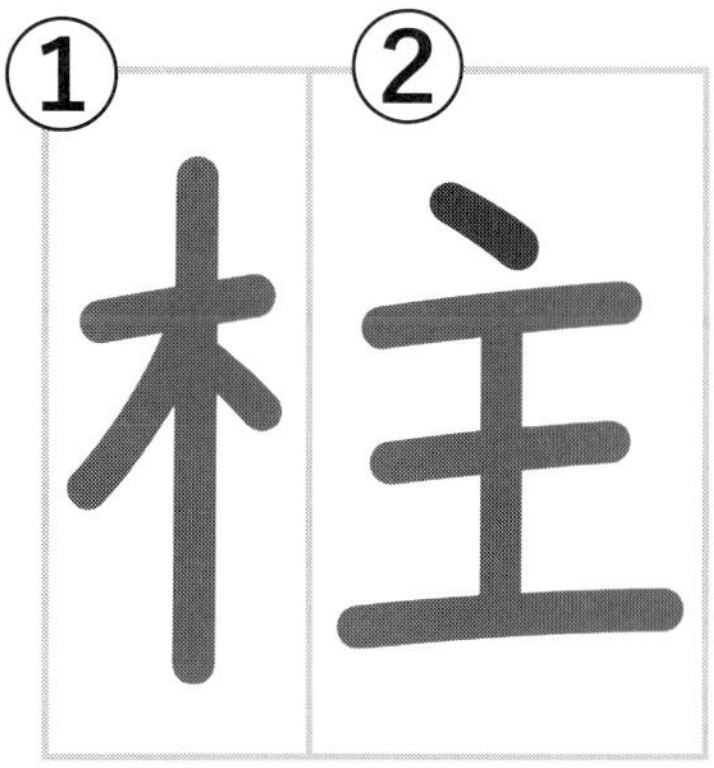

◆はしら
チュウ

●柱（はしら）を支《ささ》える。
電柱（でん ちゅう）

丁

町《まち》の区分《くぶん》／心《こころ》がこもった

◆―

チョウ、テイ

●とうふ一丁（いっちょう）

三丁目（さんちょうめ）のお店《みせ》

丁重（ていちょう）に断《ことわ》る。

帳

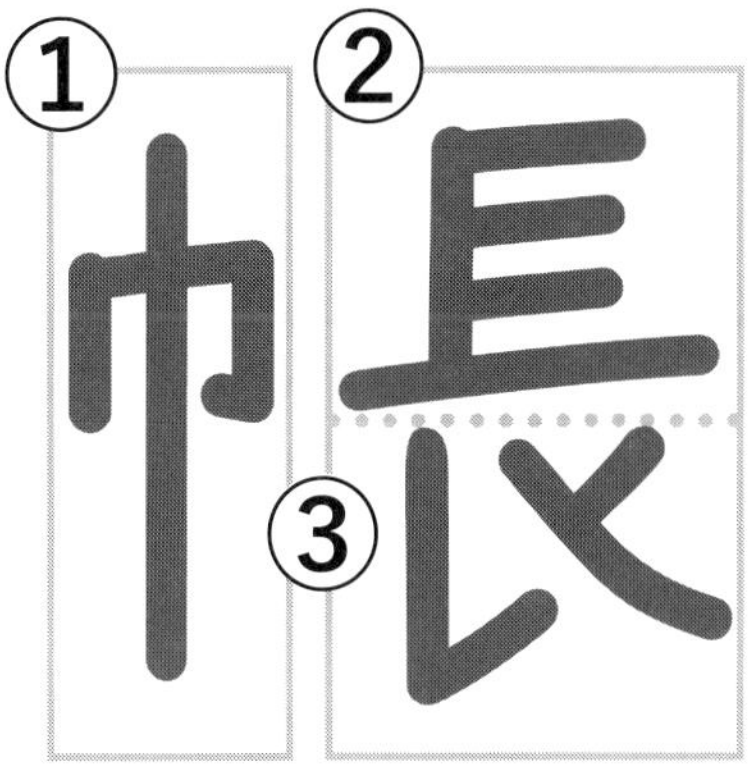

◆ —

● チョウ

手帳（てちょう）

日記帳（にっきちょう）に書《か》く。

幕《まく》／ノート

調

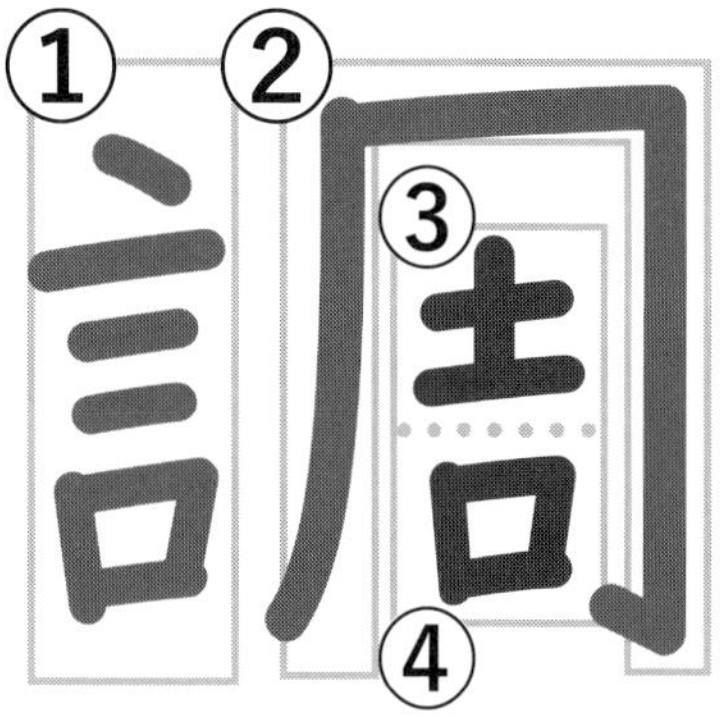

◆しら－べる、ととの－う、ととの－える

チョウ

●図書館《としょかん》で調（しら）べる。

食事《しょくじ》の準備《じゅんび》が調（ととの）う。

必要《ひつよう》な道具《どうぐ》を調（ととの）える。

いすの高《たか》さを調節（ちょうせつ）する。

追

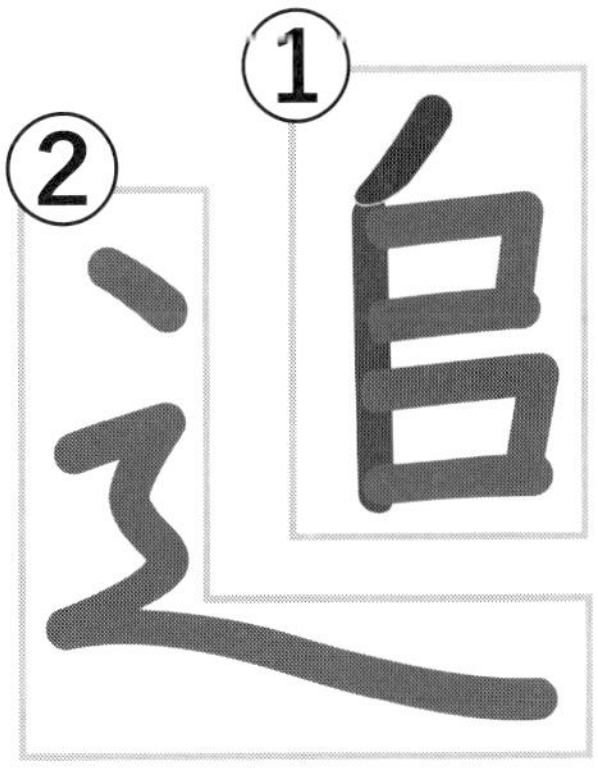

◆おーう
ツイ
●前《まえ》の人《ひと》を追（お）う。
料理《りょうり》を追加（ついか）する。

定

①
②
定

◆さだ−める、さだ−まる
さだ−か
テイ、ジョウ

●規則《きそく》を定（さだ）める。
目標《もくひょう》が定（さだ）まる。
本当《ほんとう》のことは定（さだ）かでない。
決定（けってい）
定規（じょうぎ）

庭

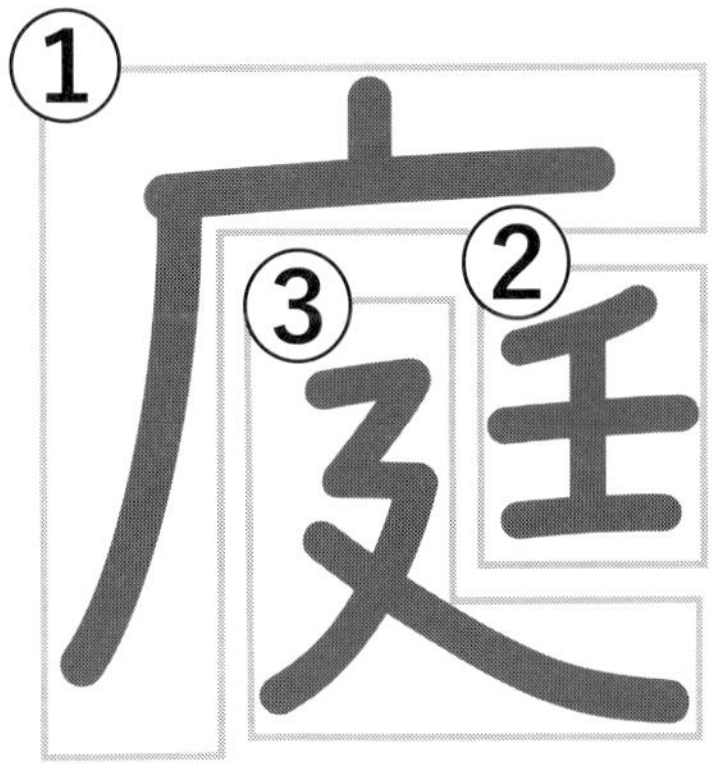

◆にわ
テイ

●庭（にわ）で遊《あそ》ぶ。
校庭（こうてい）

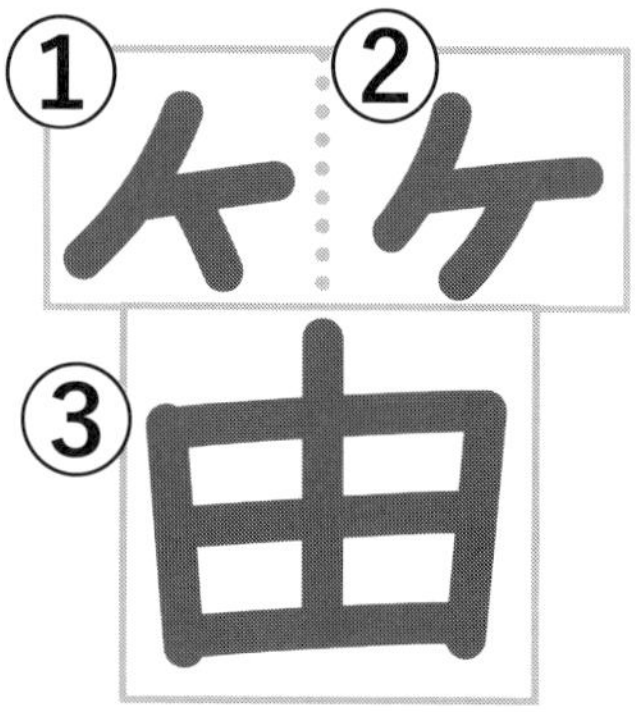

笛

◆ふえ
テキ

●笛（ふえ）をふく。
汽笛（きてき）が聞《き》こえる。

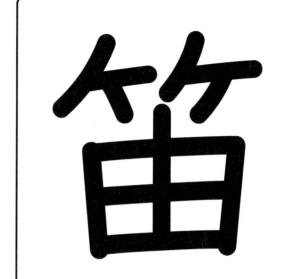

鉄

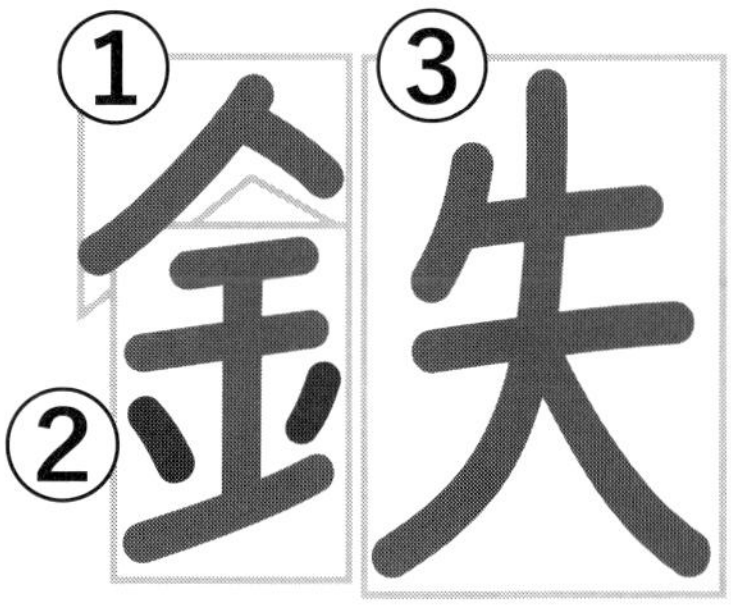

◆ ―

テツ

●製鉄所（せいてつじょ）

鉄道（てつどう）

かたくてじょうぶな金属《きんぞく》

転

① 車 ② ③ 云

◆ころ－がる、ころ－げる、ころ－がす、ころ－ぶ

テン

●石《いし》が転（ころ）がる。

笑《わら》い転（ころ）げる。

大玉《おおだま》を転（ころ）がす。

道《みち》で転（ころ）ぶ。

回転（かい てん）

自転車（じ てん しゃ）

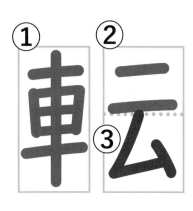

都

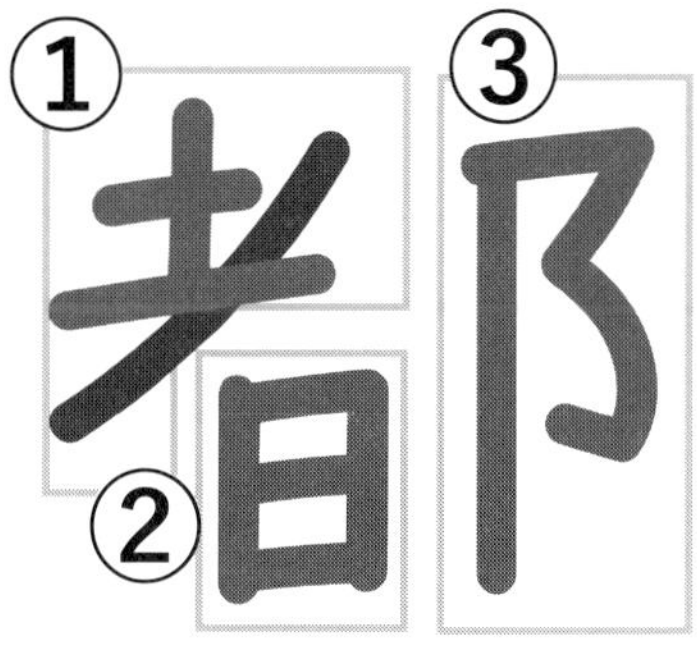

◆みやこ

ト、ツ

●花《はな》の都（みやこ）

都市（とし）

東京都（とうきょうと）

都合（つごう）をつける。

度

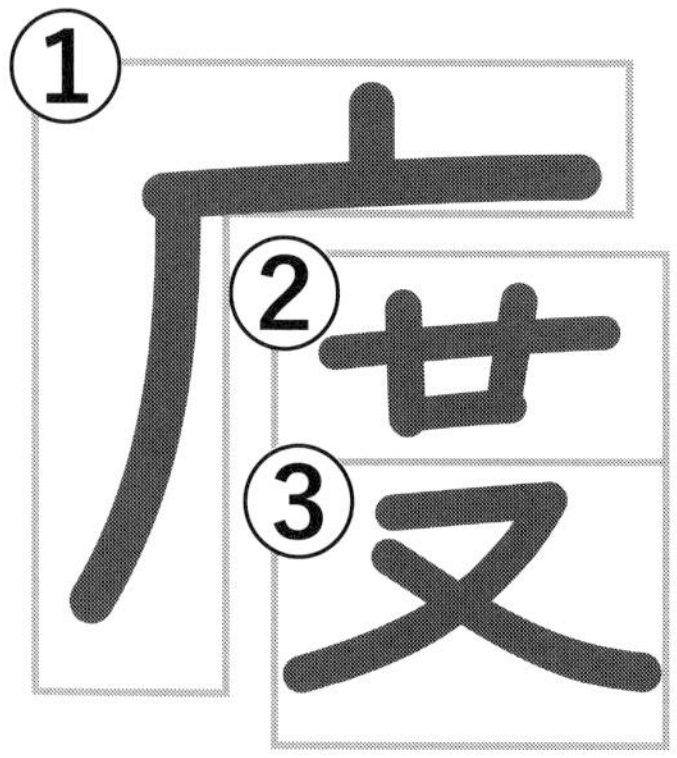

回数《かいすう》／めもり／きまり

◆たび

ド、ト、タク

●人《ひと》が来《く》る度（たび）にほえる犬《いぬ》

温度（おんど）

制度（せいど）

支度（したく）

投

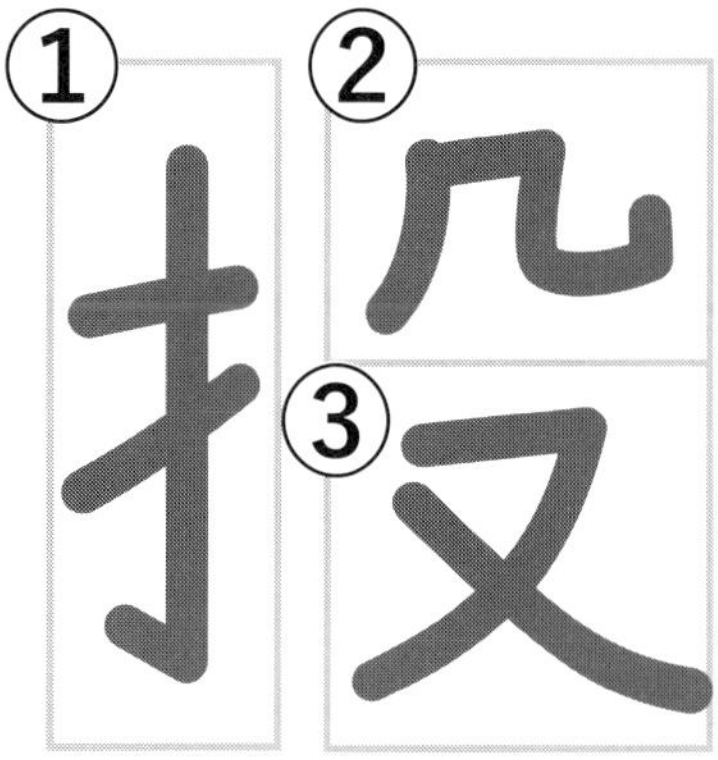

◆な－げる

トウ

●ボールを投（な）げる。

投入（とうにゅう）

投票（とうひょう）

豆

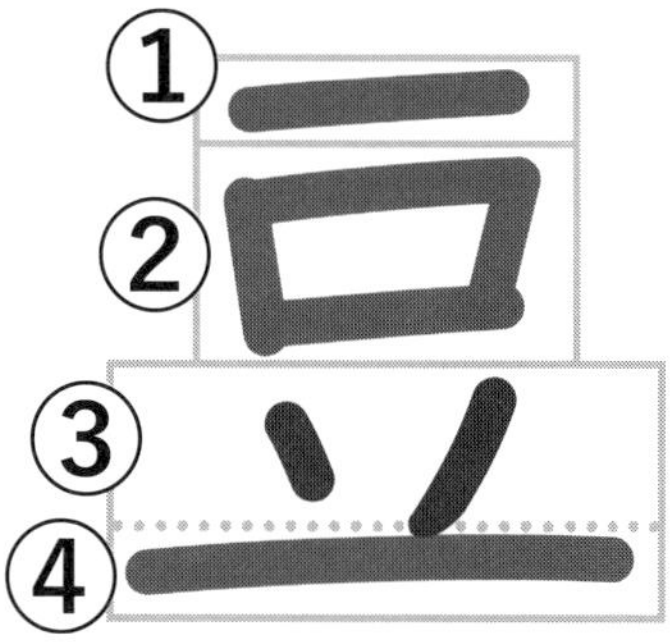

◆まめ

トウ、ズ

●豆（まめ）まき

豆乳（とうにゅう）

大豆（だいず）

島

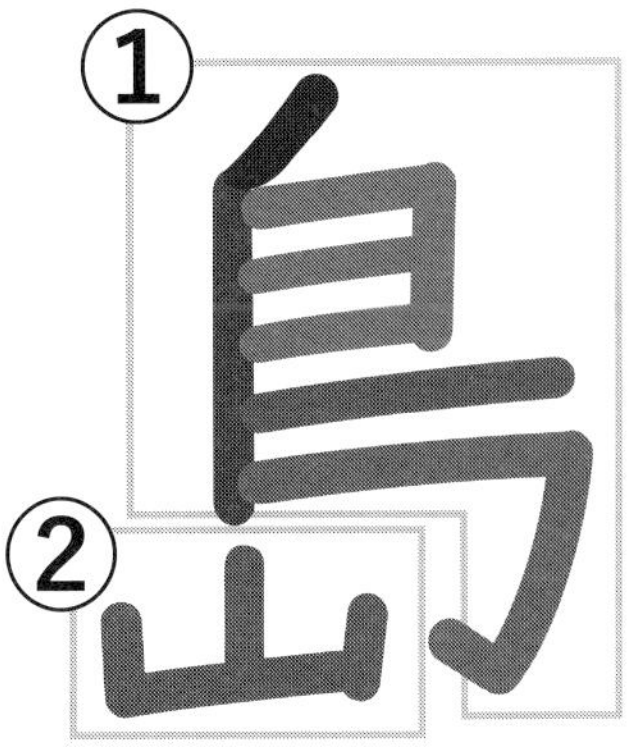

◆しま
トウ

●南《みなみ》の島（しま）
無人島（むじんとう）

湯

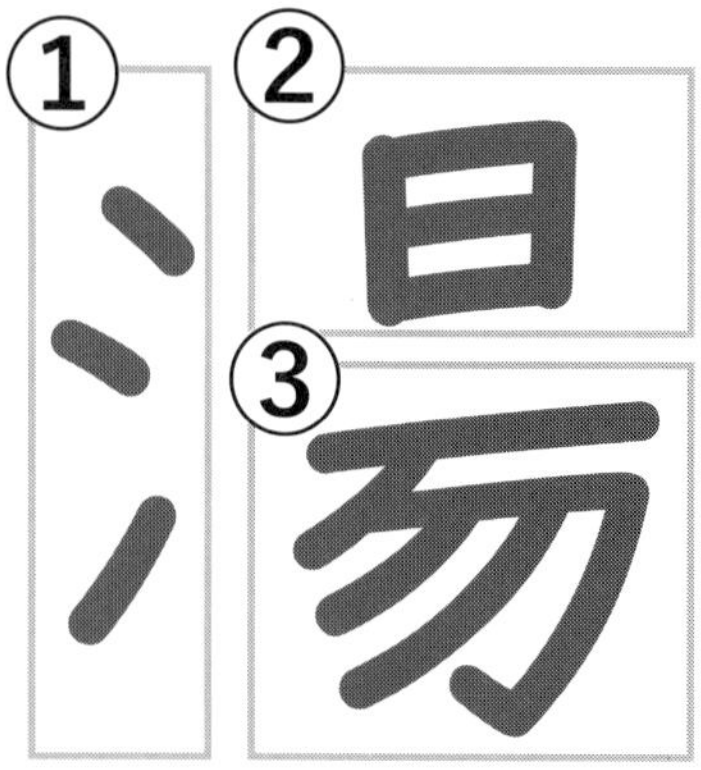

◆ゆ

トウ

●湯（ゆ）をわかす。

熱湯（ねっとう）

登

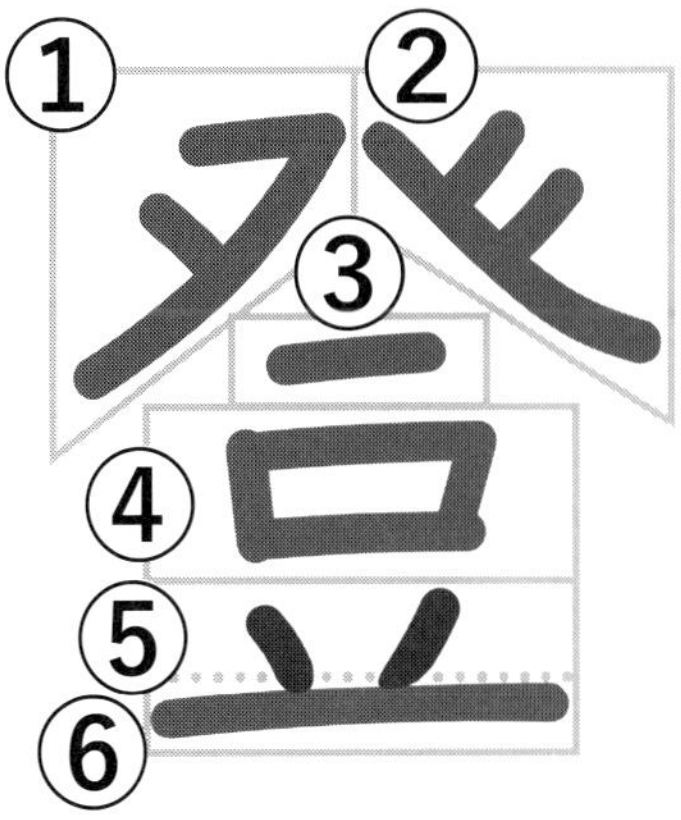

◆のぼ－る

トウ、ト

●高《たか》い木《き》に登（のぼ）る。

登校（とう こう）

登山（と ざん）

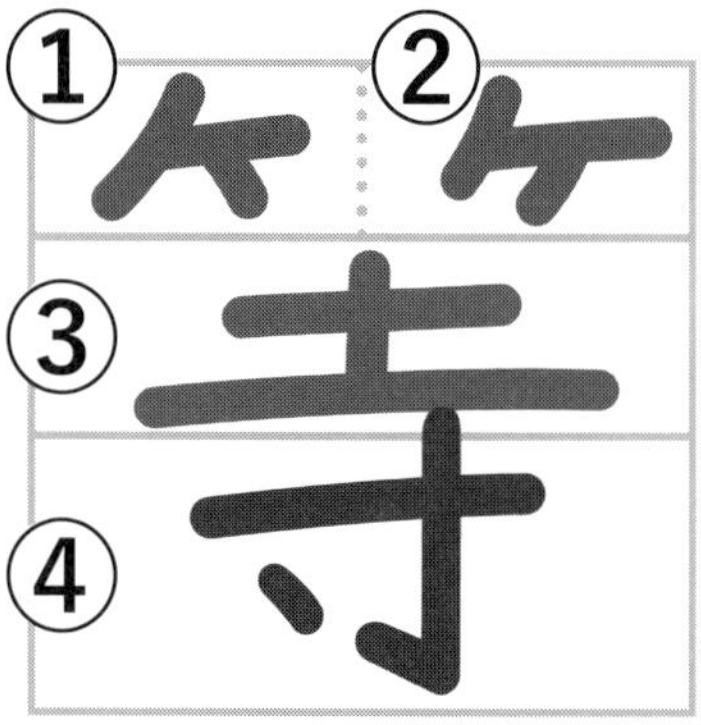

等

◆ひと－しい
トウ

●10ミリと1センチは等（ひと）しい長《なが》さだ。
ケーキを八等分（はち　とう　ぶん）する。
等高線（とう　こう　せん）

動

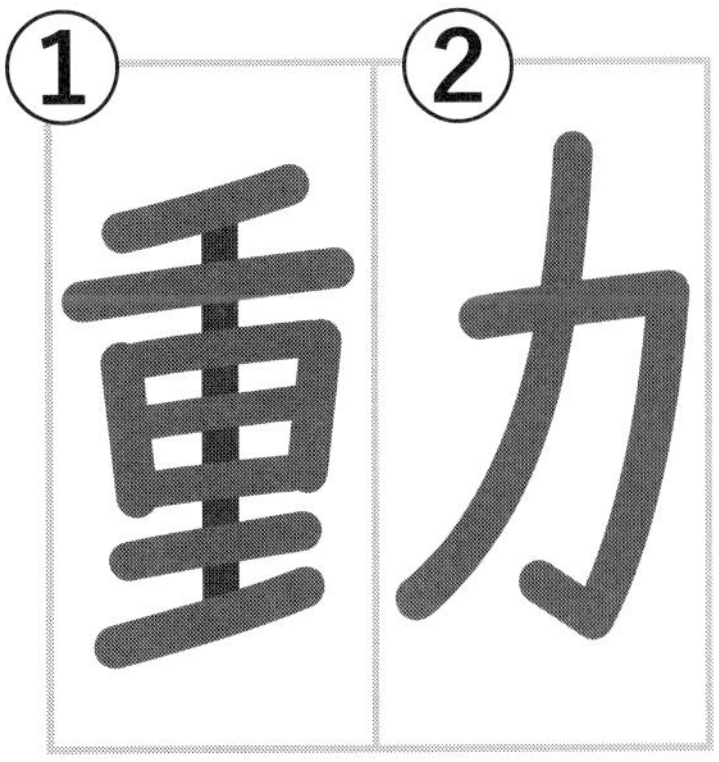

◆**うご**－く、**うご**－かす

ドウ

●車《くるま》が動（うご）く。

機械《きかい》を動（うご）かす。

前《まえ》の席《せき》に移動（いどう）する。

童

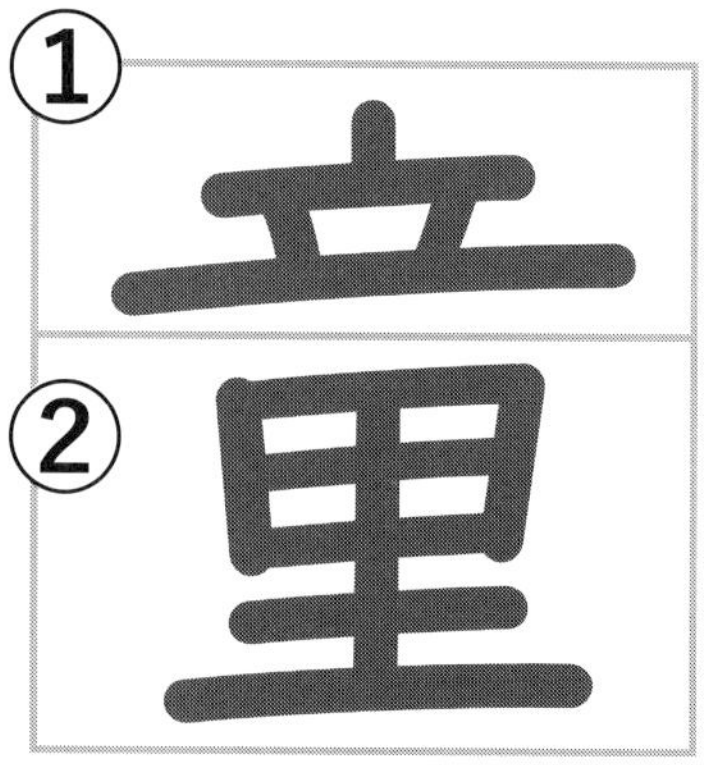

子《こ》ども

◆わらべ
ドウ

●童歌（わらべ うた）を歌《うた》う。
童話（どう わ）
児童（じ どう）

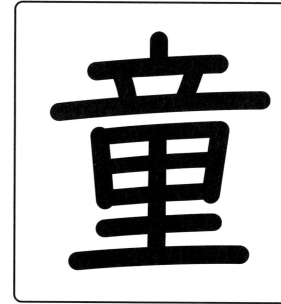

農

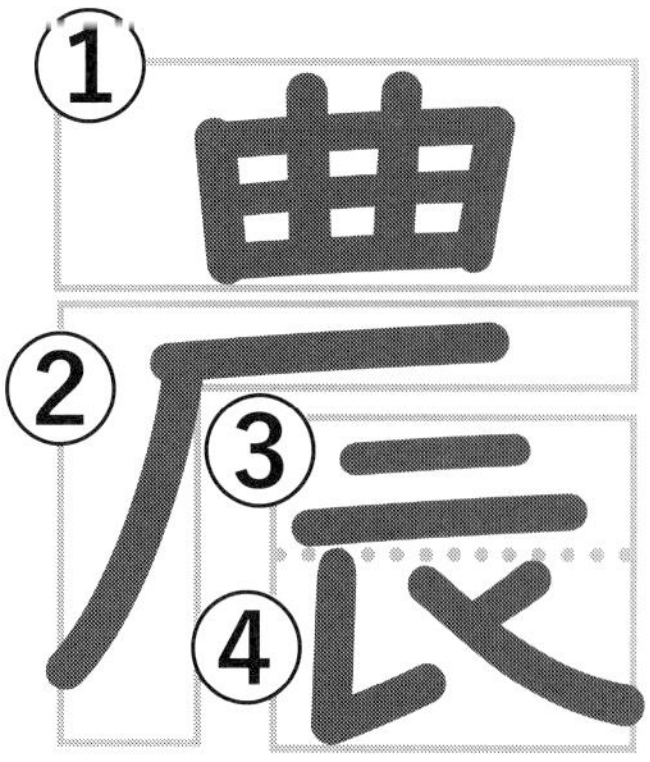

◆ ―

ノウ

● 農業（のうぎょう）

農村（のうそん）の風景《ふうけい》

田畑《たはた》をたがやす

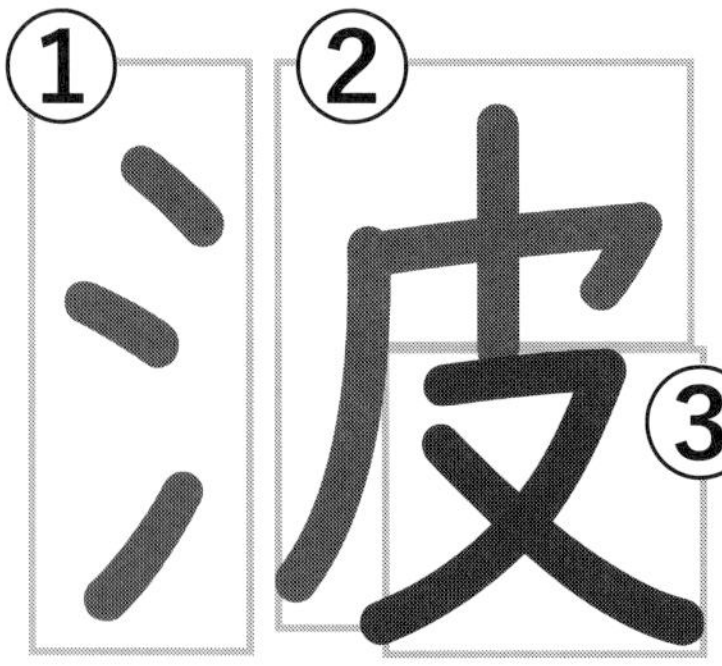

波

◆なみ

●ハ

海《うみ》の波（なみ）

波（なみ）に乗《の》ってサーフィンをする。

波乱（はらん）＝激《はげ》しい変化《へんか》。もめごと。

波長（はちょう）が合《あ》う。

＝おたがいの気持《きも》ちや意思《いし》が通《つう》じていること。

配

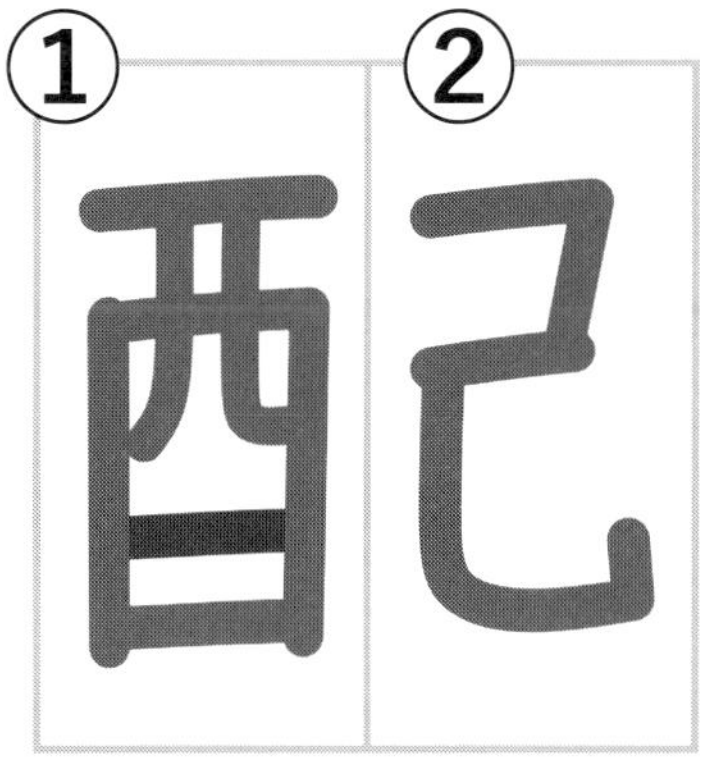

◆くばーる

ハイ

●プリントを配（くば）る。

配達（はいたつ）

倍

同《おな》じ数《かず》を何度《なんど》も加《くわ》える

◆ ―

バイ

● 倍数（ばいすう）

三倍（さんばい）の大《おお》きさ

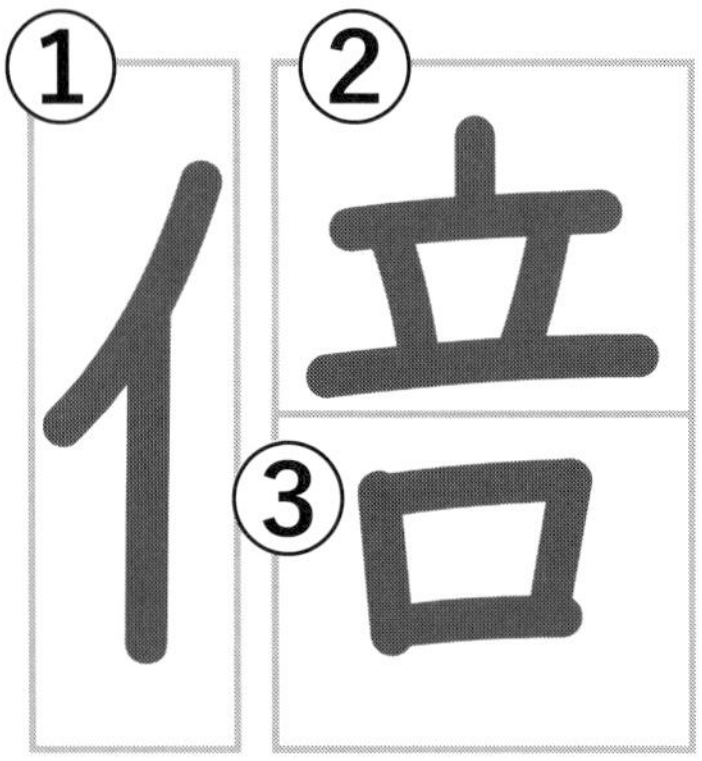

箱

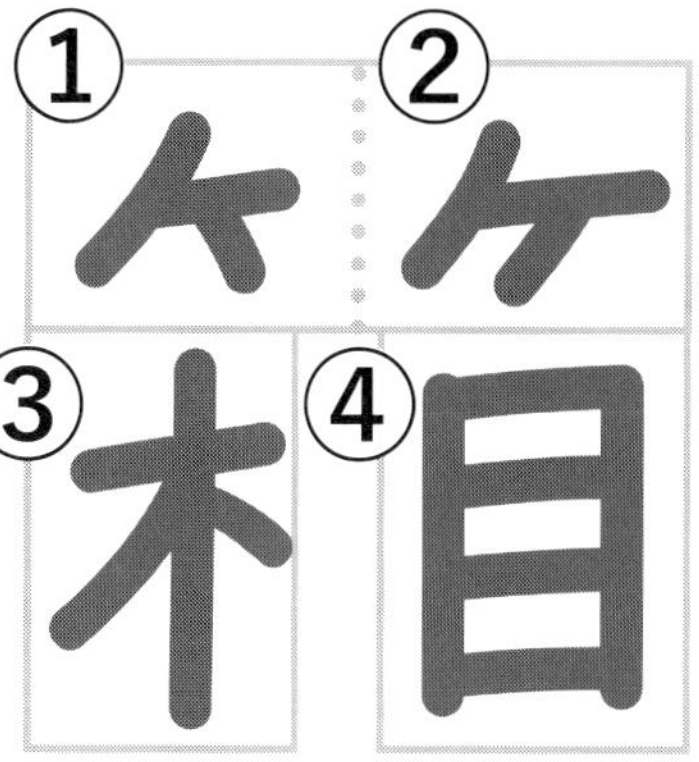

◆はこ

―

●箱（はこ）を開《あ》ける。

大《おお》きな箱（はこ）

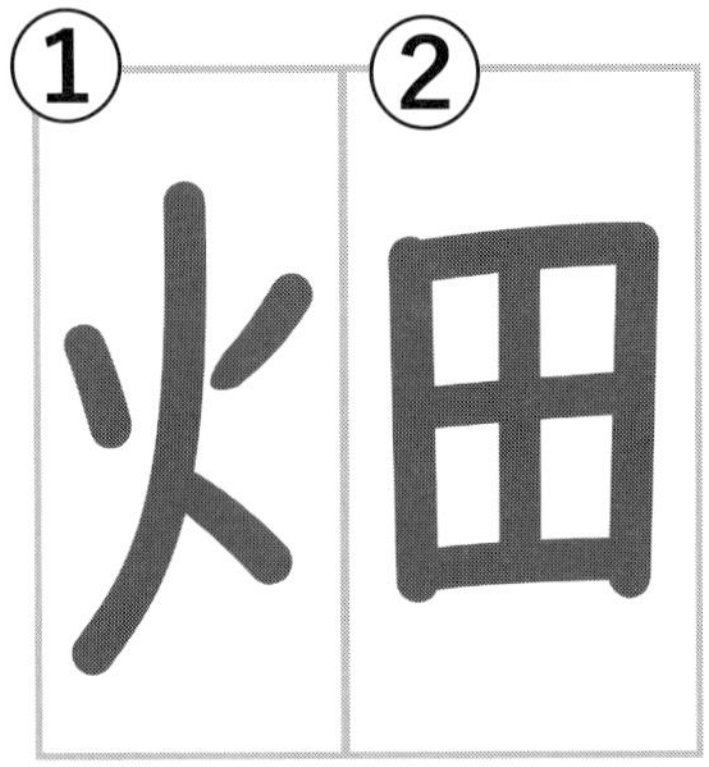

畑

◆はた、はたけ

―

●畑作（はた さく）

畑（はたけ）に種《たね》をまく。

発

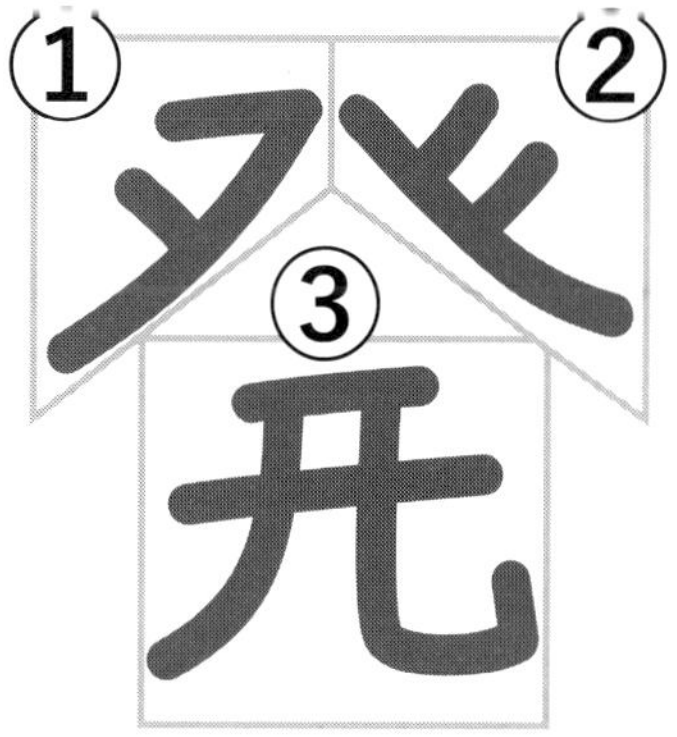

◆ —

ハツ、ホツ

● 発言（はつげん）

発見（はっ*けん）

病気《びょうき》の発作（ほっ*さ）

放《はな》つ／はじめる／起《お》こる

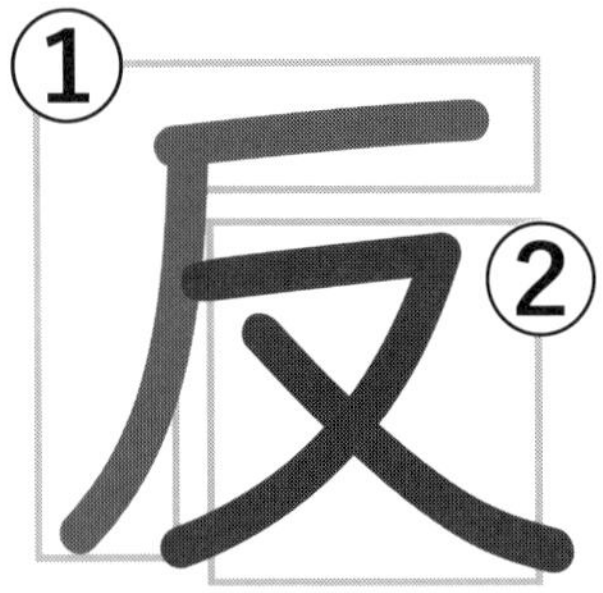

反

◆そーる、そーらす
ハン、ホン、タン
●本《ほん》の表紙《ひょうし》が反（そ）る。
体《からだ》を反（そ）らす。
反対（はんたい）
反物（たんもの）
＝着物《きもの》に仕立《した》てられる前の、つつに巻《ま》かれた布《ぬの》。

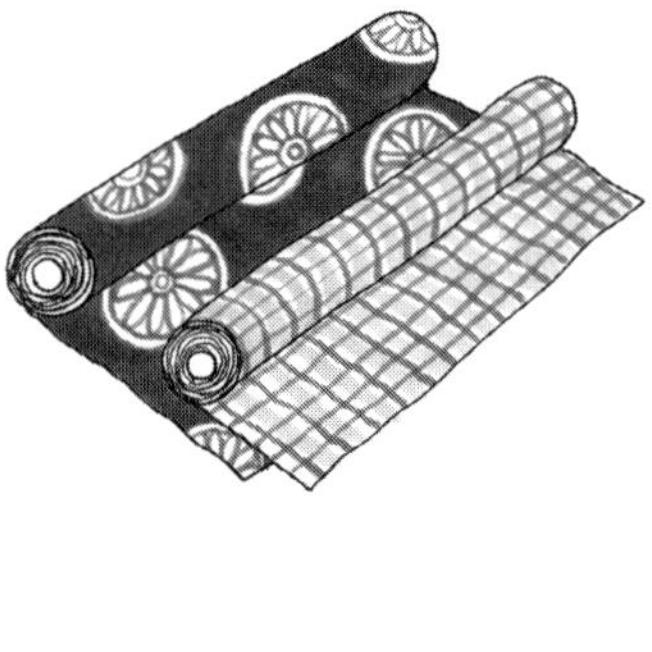

坂

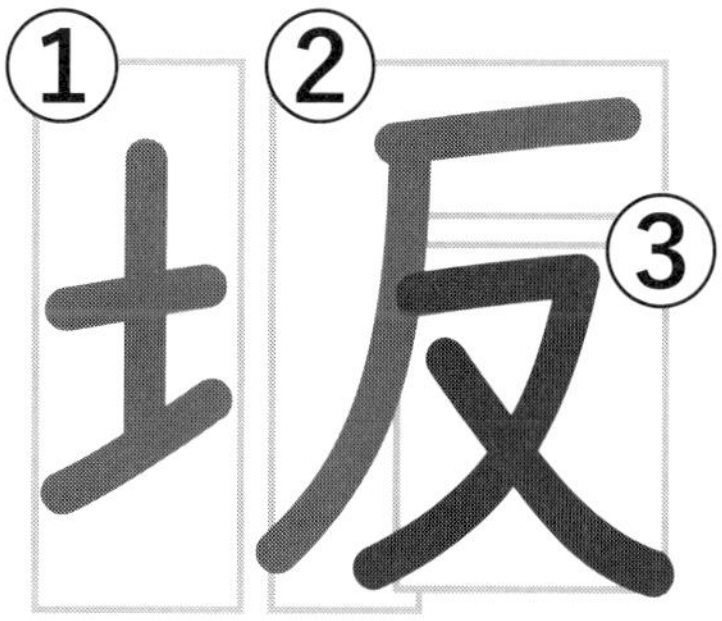

◆さか

ハン

●急《きゅう》な坂（さか）

坂道（さか　みち）を登《のぼ》る。

登坂（と　はん）車線《しゃせん》

＝車《くるま》が坂《さか》をのぼる車線《しゃせん》のこと。

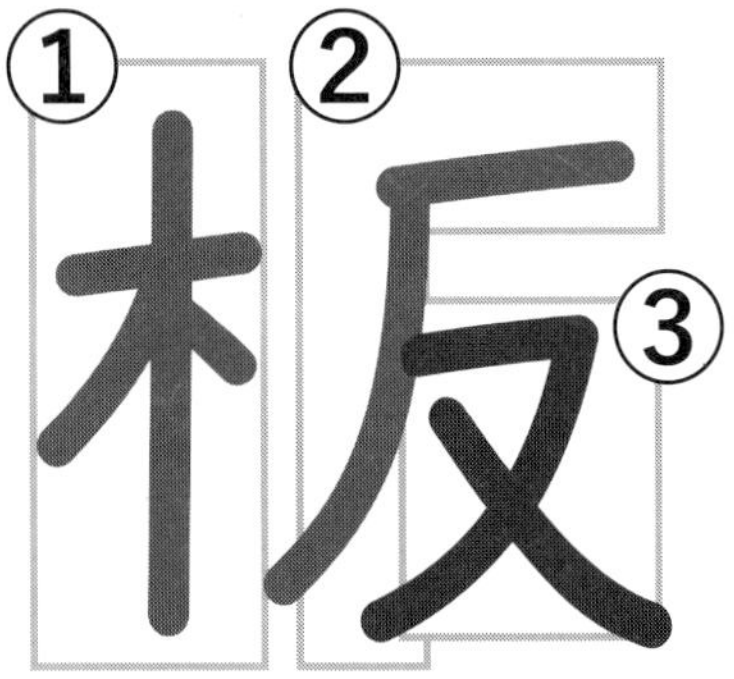

板

◆いた

ハン、バン

●板（いた）にくぎを打《う》つ。

板（いた）ガラス

合板（ごう　はん）

＝何枚《なんまい》かのうすい板《いた》をはり合《あ》わせたもの。

黒板（こく　ばん）

皮

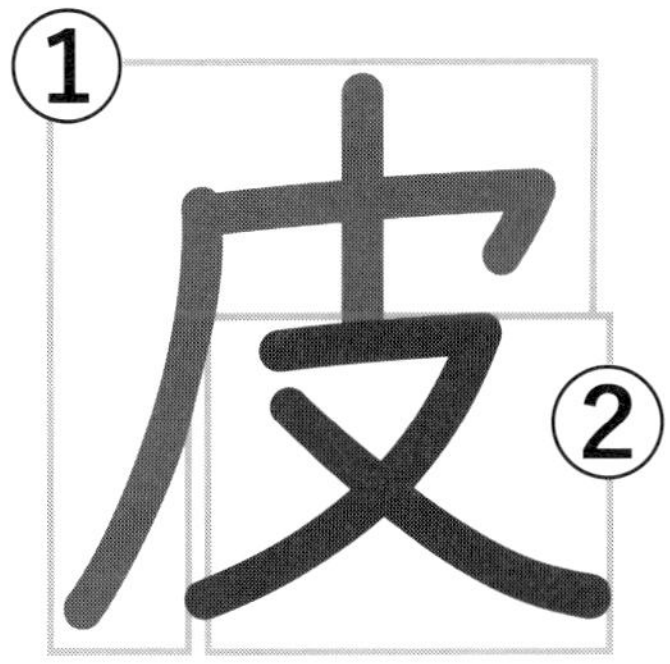

◆かわ

ヒ

●リンゴの皮（かわ）をむく。

皮（ひ）ふ

皮肉（ひ にく）

＝相手《あいて》の欠点《けってん》や弱《よわ》いところを遠《とお》まわしに
意地悪《いじわる》く言《い》うこと。

悲

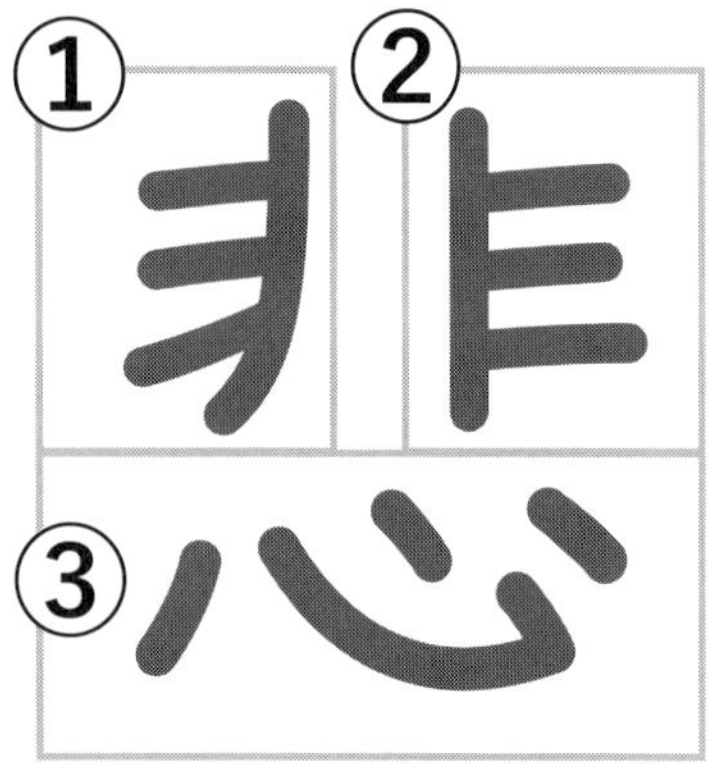

◆かな-しい、かな-しむ

ヒ

●悲（かな）しい話《はなし》

別《わか》れを悲（かな）しむ。

悲願（ひがん）の初優勝《はつゆうしょう》

悲願＝どうしても成《な》しとげたいと願《ねが》うこと。

美

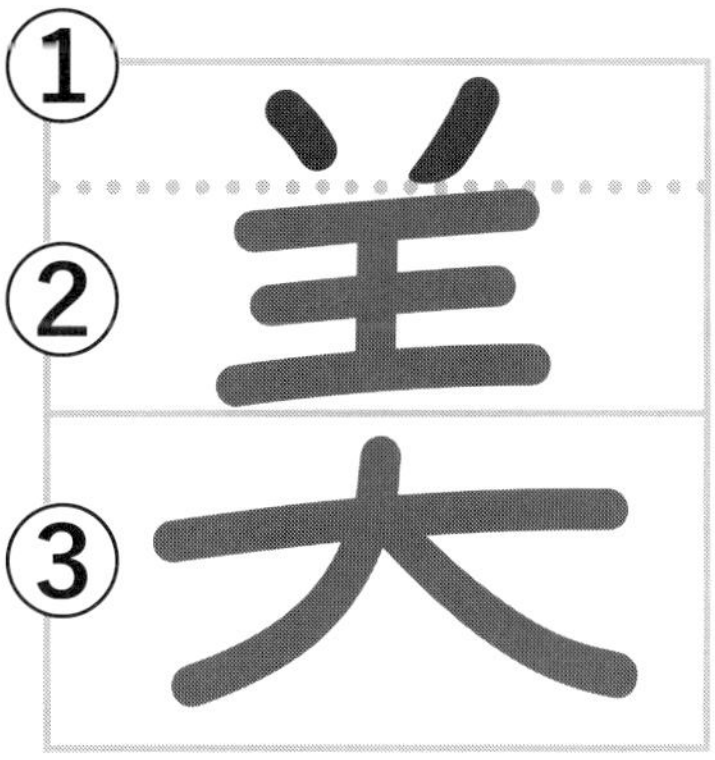

◆うつく-しい

ビ

●美（うつく）しい人《ひと》

美術（びじゅつ）

美容院（びよういん）

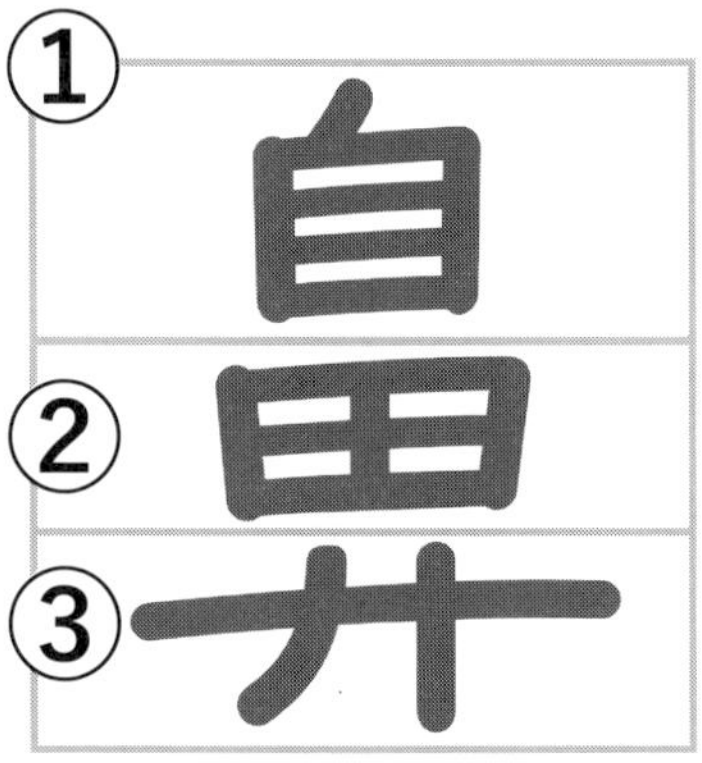

鼻

◆はな

ビ

●鼻水（はなみず）が出《で》る。

耳鼻科（じびか）

筆

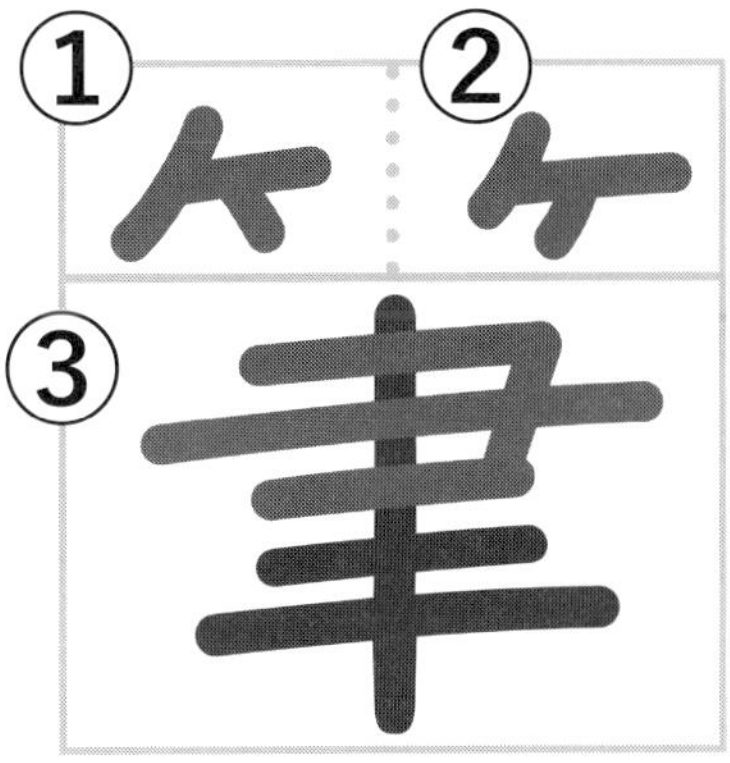

◆ふで
ヒツ

●筆（ふで）で名前《なまえ》を書《か》く。
筆箱（ふでばこ）
筆順（ひつじゅん）

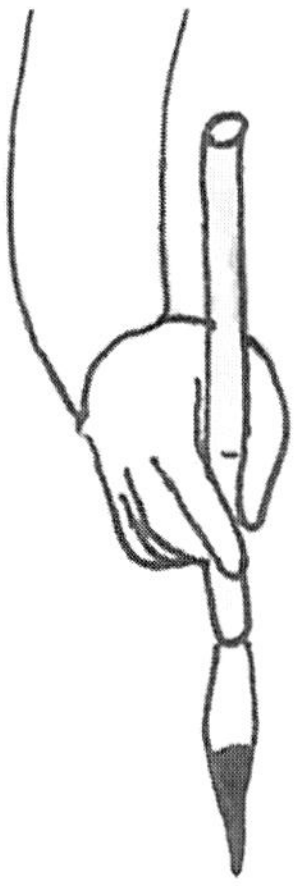

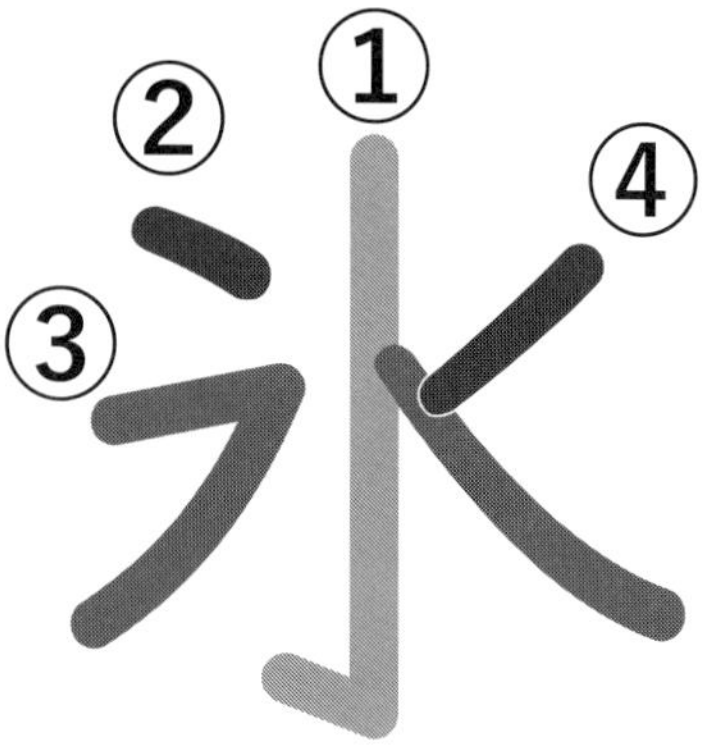

氷

◆こおり、ひ
ヒョウ

●池《いけ》に氷（こおり）が張《は》る。

氷雨（ひさめ）
＝ひょう、あられ、みぞれ。冷《つめ》たい雨《あめ》のこと。

氷点下（ひょうてんか）の寒《さむ》さ

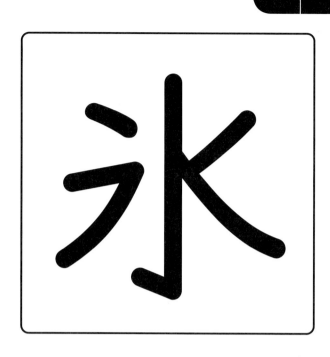

表

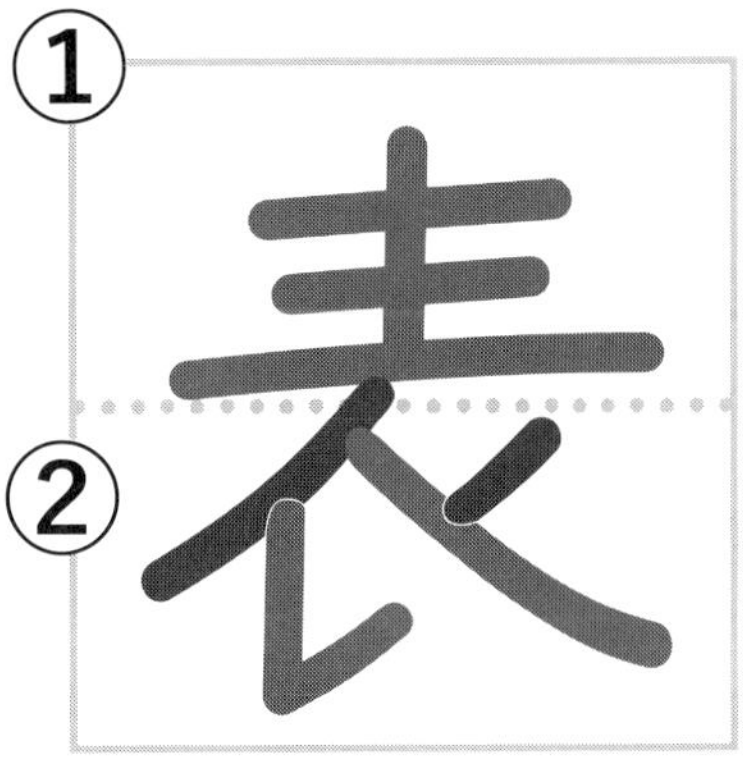

◆おもて

あらわ－す、あらわ－れる

ヒョウ

●表（おもて）と裏《うら》

図《ず》に表（あらわ）す。

よい結果《けっか》が表（あらわ）れる。

絵《え》で表現（ひょうげん）する。

秒

① ②

時《じ》間《かん》の単《たん》位《い》／わずか

◆ —
ビョウ

● 秒針（びょうしん）
1分《いっぷん》は60秒（びょう）。

病

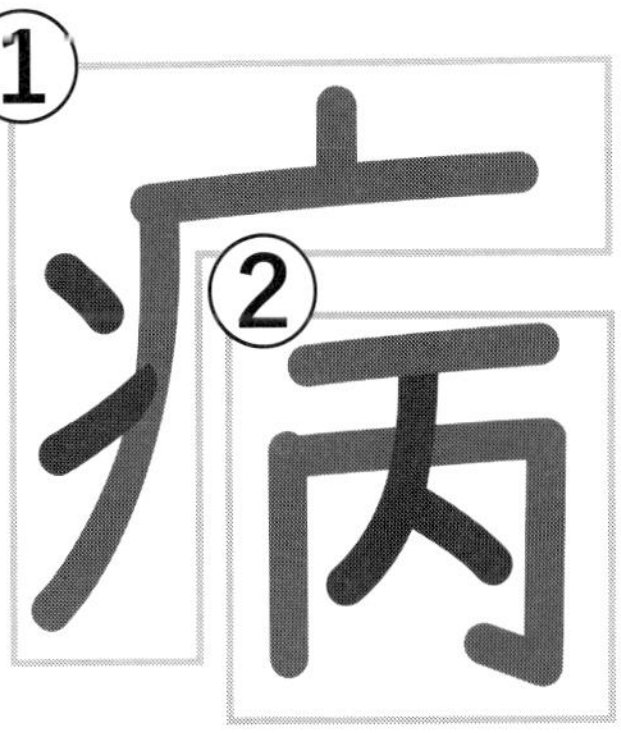

◆やーむ、やまい
ビョウ、ヘイ

●胸《むね》を病（や）む。
病（やまい）に倒《たお》れる。
病気（びょうき）
＊疾病（しっぺい）＝病気《びょうき》のこと。

品

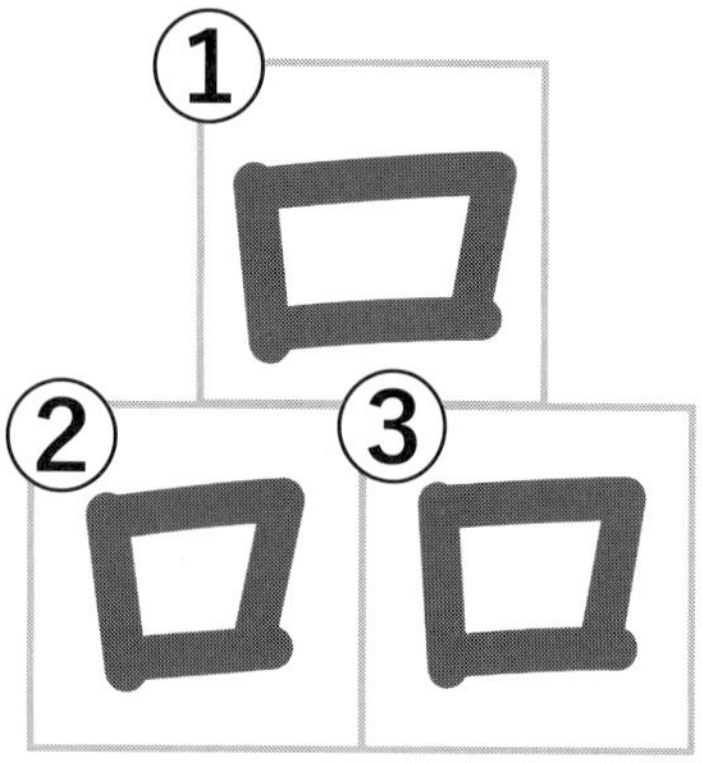

◆しな
ヒン
●品物（しなもの）
品（しな）ぞろえのいい店《みせ》
商品（しょうひん）

負

①②③

◆まーける、まーかす、おーう

フ

●試合《しあい》に負（ま）ける。

相手《あいて》を負（ま）かす。

責任《せきにん》を負（お）う。

負傷（ふしょう）＝けがをすること。

私《わたし》には負担（ふたん）が大《おお》きい。

負担＝義務《ぎむ》や責任《せきにん》を引《ひ》き受《う》けること。その重《おも》さ。

部

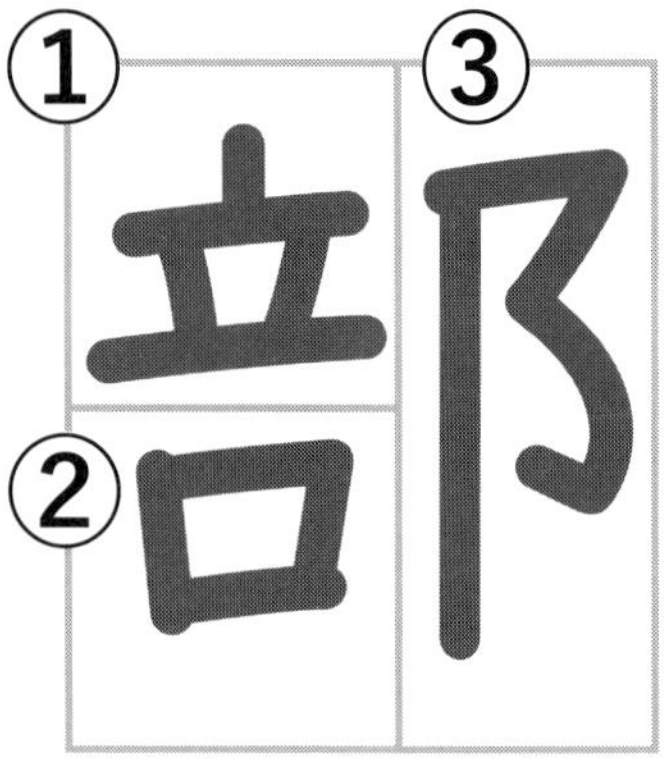

区《く》分《わ》けしたもの

◆ —

● ブ

部品（ぶ ひん）

全部（ぜん ぶ）

サッカー部（ぶ）の部員（ぶ いん）

服

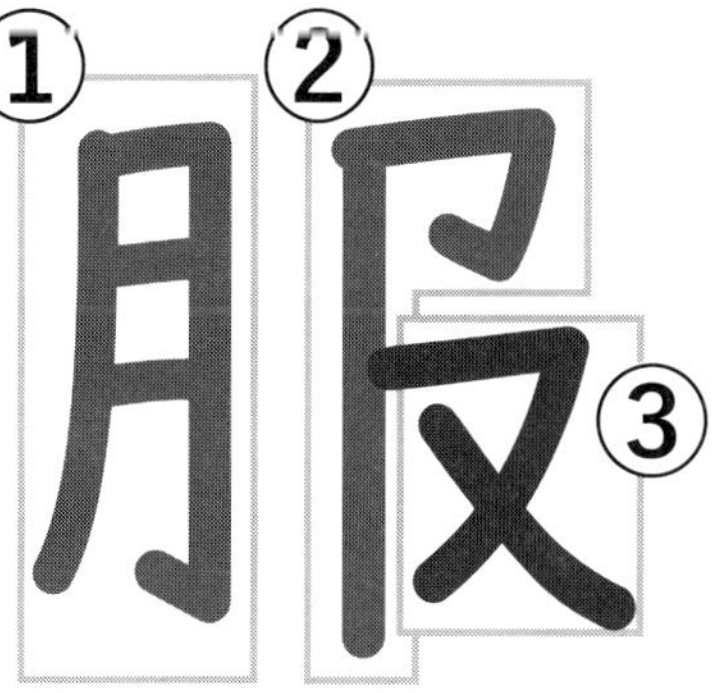

◆ —

● フク

洋服（ようふく）

服装（ふくそう）

服薬（ふくやく）＝薬《くすり》を飲《の》むこと。

体《からだ》につける／従《したが》う／飲《の》む

福

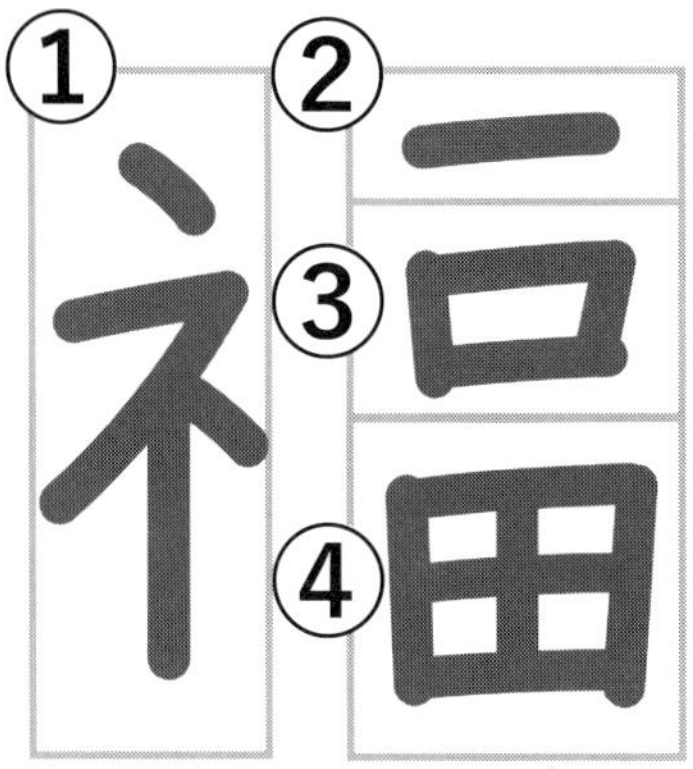

神《かみ》からもらった幸《しあわ》せ

◆ ——

フク

● 幸福（こう ふく）

笑《わら》う門《かど》には福（ふく）来《きた》る。

＝いつも明《あか》るくにこにこしている人《ひと》の家《いえ》には、自然《しぜん》に幸《しあわ》せがやってくるということわざ。

物

① 牛 ② 勿

◆もの

ブツ、モツ

●物（もの）を大切《たいせつ》に使《つか》う。

動物（どう ぶつ）

作物（さく もつ）

平

平

◆たい－ら、ひら
ヘイ、ビョウ

●平（たい）らな土地《とち》
平（ひら）泳《およ》ぎ
平均（へいきん）
平等（びょうどう）

返

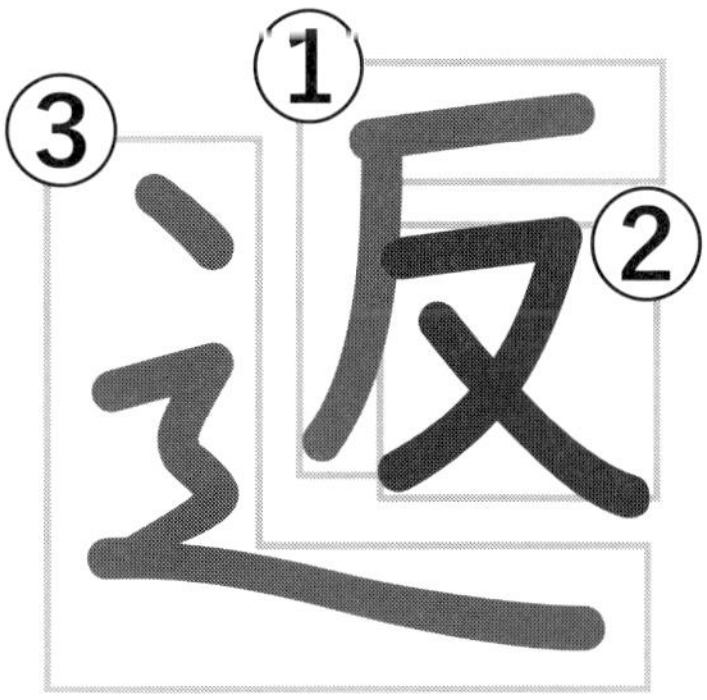

◆かえ－す、かえ－る

ヘン

●借《か》りた本《ほん》を返（かえ）す。

我《われ》に返（かえ）る。

＝はっと気《き》がつく。

返事（へんじ）

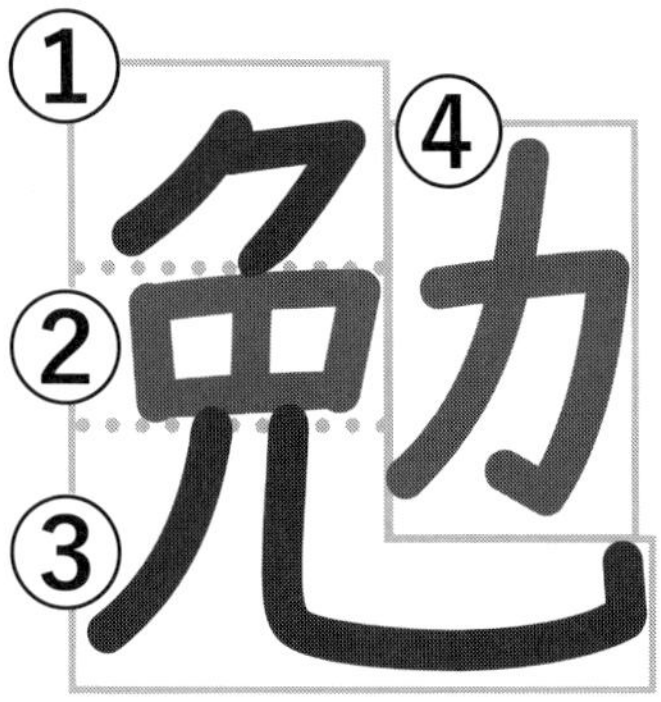

勉

全力《ぜんりょく》を出《だ》してはげむ

◆ —

ベン

● 勉強（べんきょう）

勤勉（きんべん）な人《ひと》

勤勉＝仕事《しごと》や勉強《べんきょう》に、はげむこと。

放

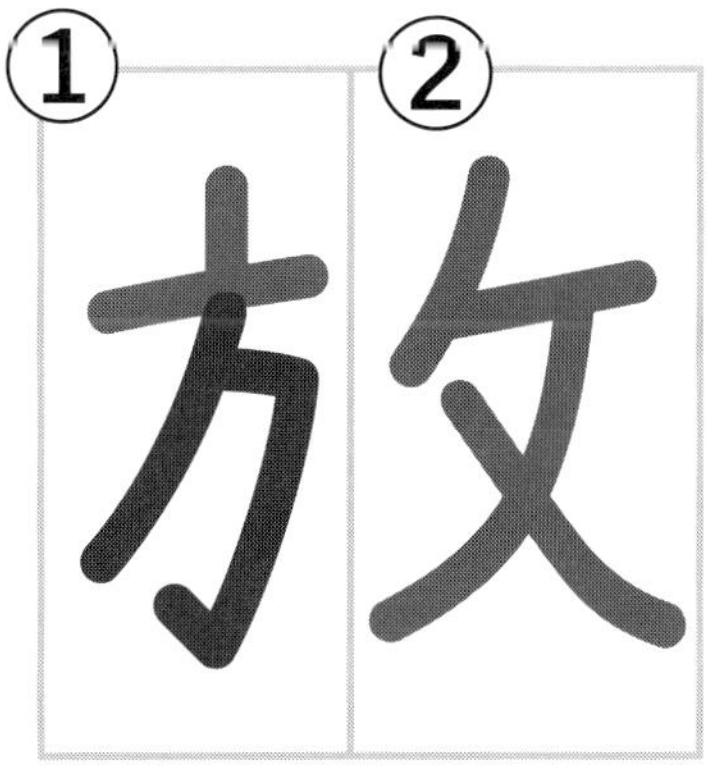

◆はな－す、はな－つ、はな－れる、
ほう－る
ホウ

●魚《さかな》を川《かわ》に放（はな）す。
シュートを放（はな）つ。
犬《いぬ》がくさりから放（はな）れる。
放送（ほうそう）

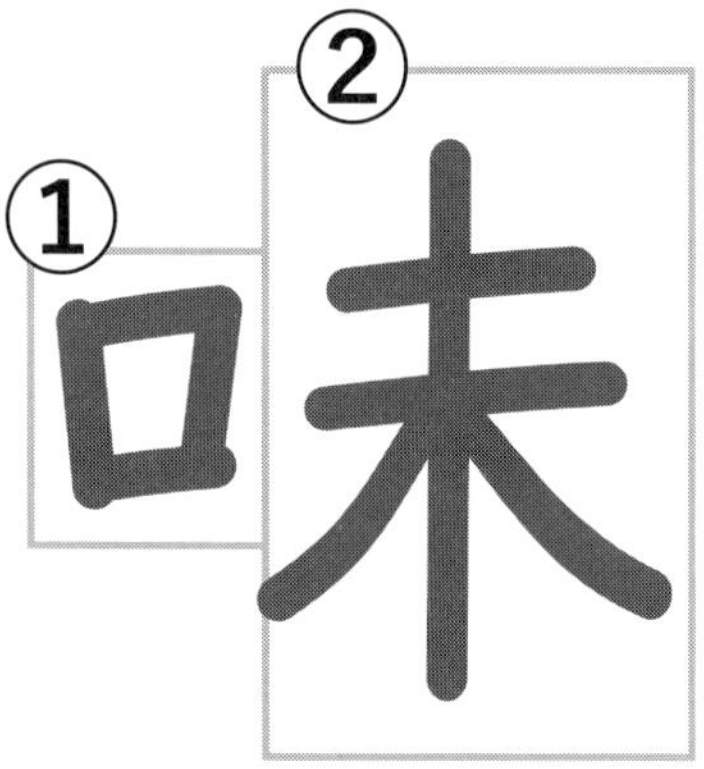

味

◆あじ、あじ－わう

ミ

●好《す》きな味（あじ）

カニを味（あじ）わう。

味覚（みかく）＝味《あじ》を感《かん》じる感覚《かんかく》。

命

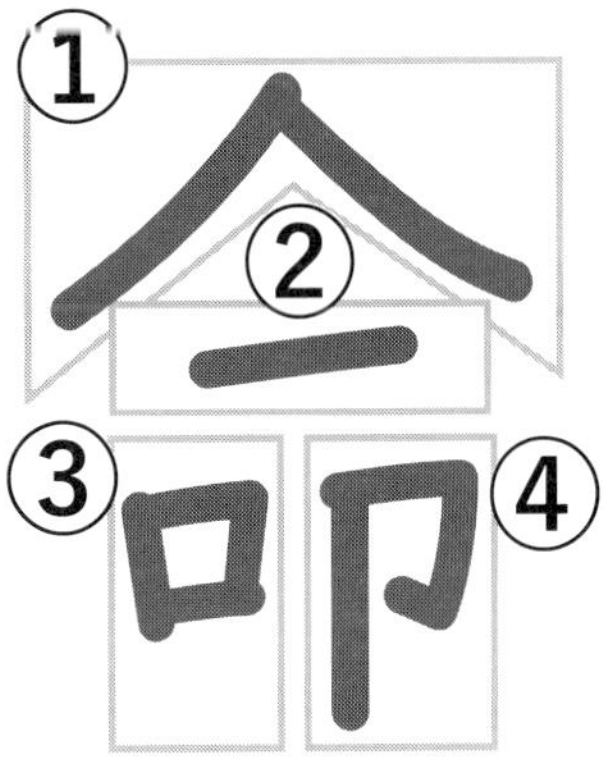

◆いのち

メイ、ミョウ

●命（いのち）を大切《たいせつ》にする。

生命力（せい めい りょく）

寿命（じゅ みょう）

＝生《う》まれてから死《し》に至《いた》るまでの時間《じかん》。

面

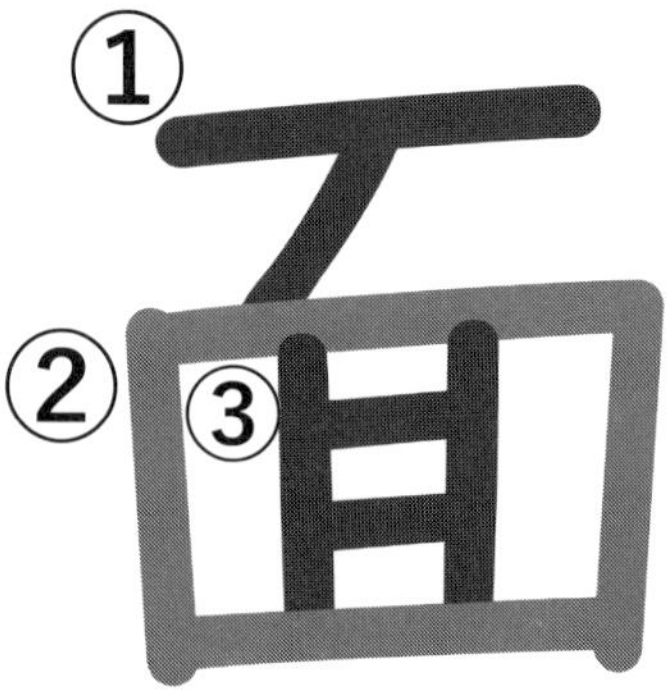

◆おもて、おも、つら
メン

●矢面（や　おもて）に立《た》つ。
＝相手《あいて》の非難《ひなん》などをまともに受《う》ける立場《たちば》に立《た》つこと

その話《はなし》は面白（おも　しろ）い。

泣《な》きっ面（つら）にハチ
＝不運《ふうん》が重《かさ》なること。

面積（めん　せき）

場面（ば　めん）

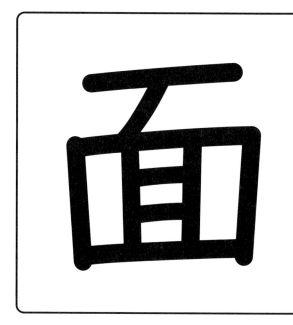

問

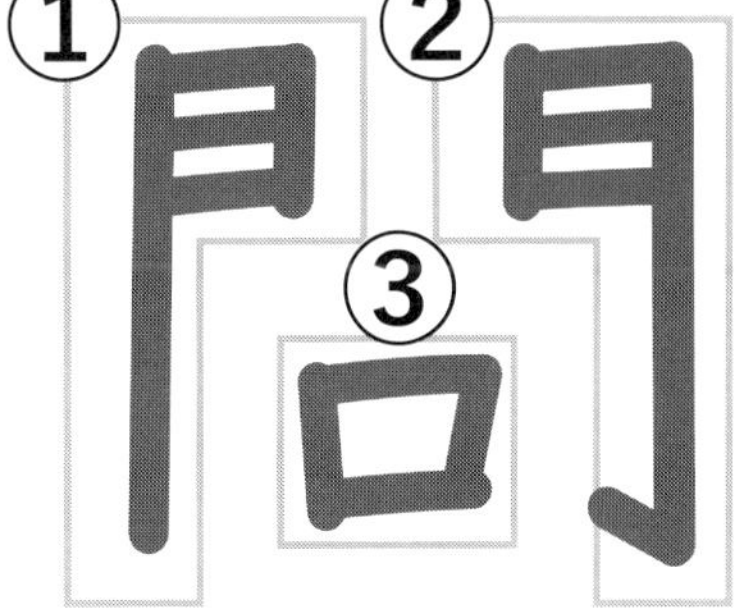

◆と―う、と―い、
とん
モン

●みんなに意見《いけん》を問（と）う。
難《むずか》しい問（と）いに答《こた》える。

問屋（とんや）
＝物品《ぶっぴん》を生産者《せいさんしゃ》から仕入《しい》れて、販売店《はんばいてん》へ
売《う》りわたす業者《ぎょうしゃ》のこと。

問題（もんだい）

役

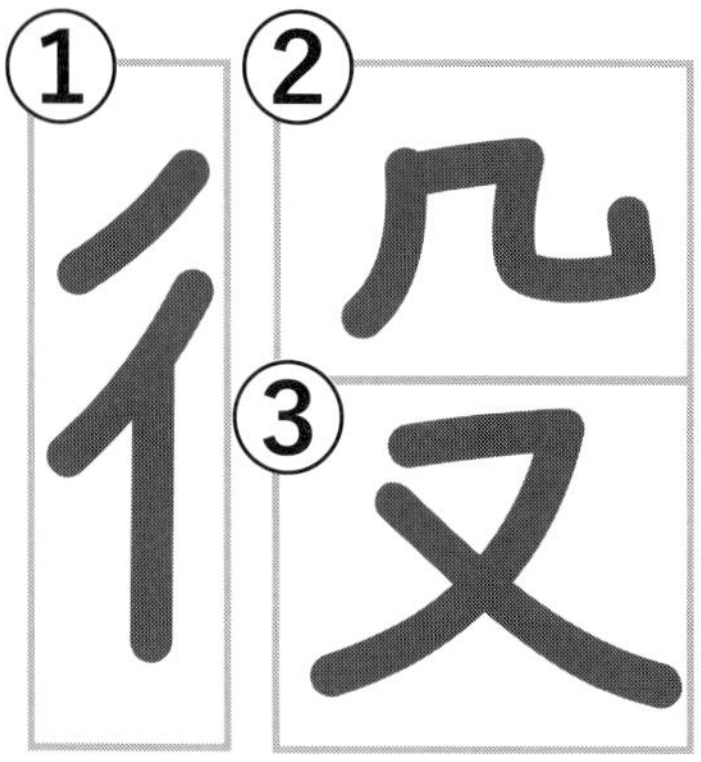

やくめ／つとめ

◆ ―

ヤク、エキ

● 役所（やくしょ）

役者（やくしゃ）

現役（げんえき）のスポーツ選手《せんしゅ》

薬

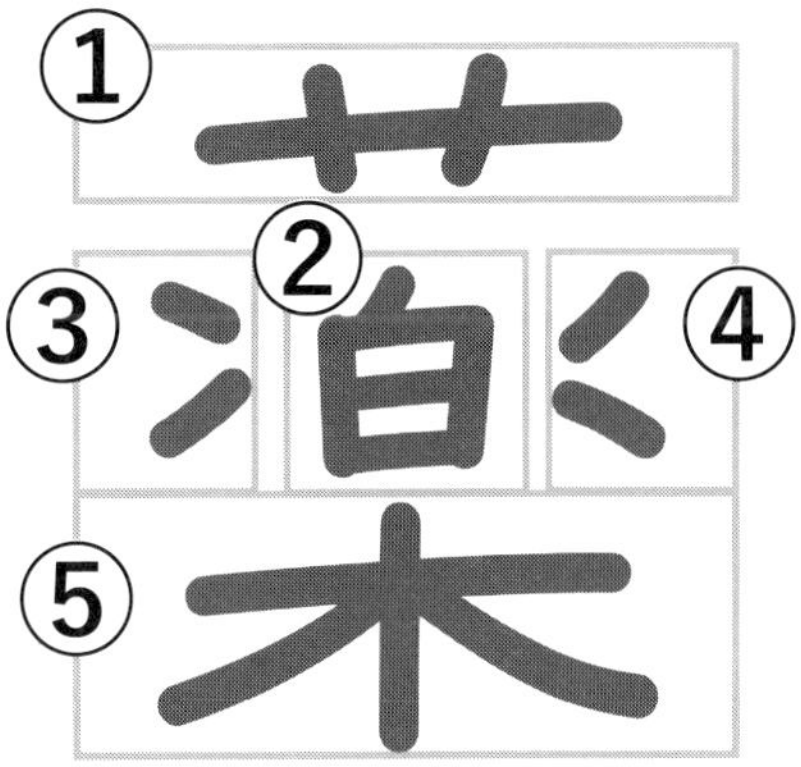

◆くすり
ヤク
●かぜの薬（くすり）
薬品（やくひん）

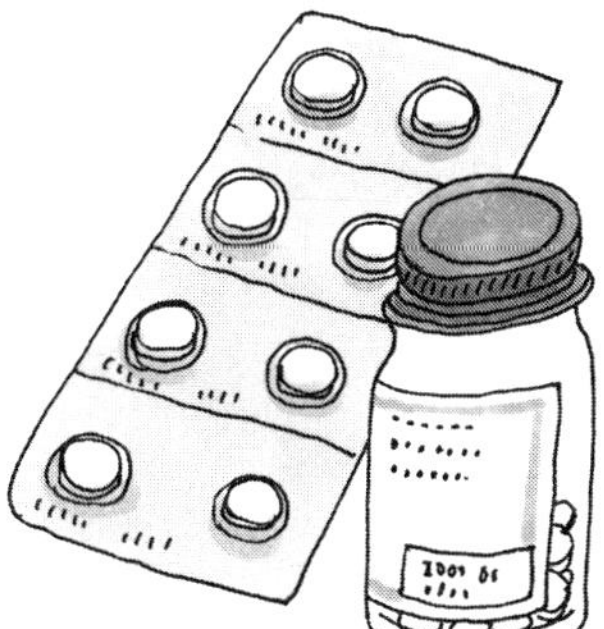

由

わけ／すじみち

◆よし

ユウ、ユ、ユイ

●真実《しんじつ》を知《し》る由（よし）もない。

だれでも自由（じゆう）に図書館《としょかん》を利用《りよう》できる。

地名《ちめい》の由来（ゆらい）を調《しら》べる。

由緒（ゆいしょ）

＝ものごとがたどってきたいわれ。

油

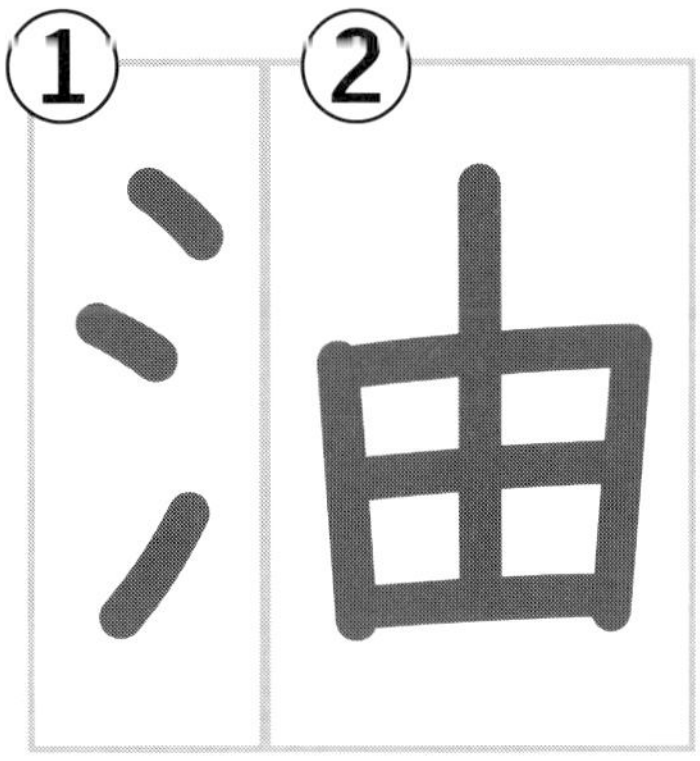

◆あぶら

ユ

●サラダ油（あぶら）

油（あぶら）を売《う》る。

＝むだ話《ばなし》をして仕事《しごと》をなまけること。

石油（せきゆ）

有

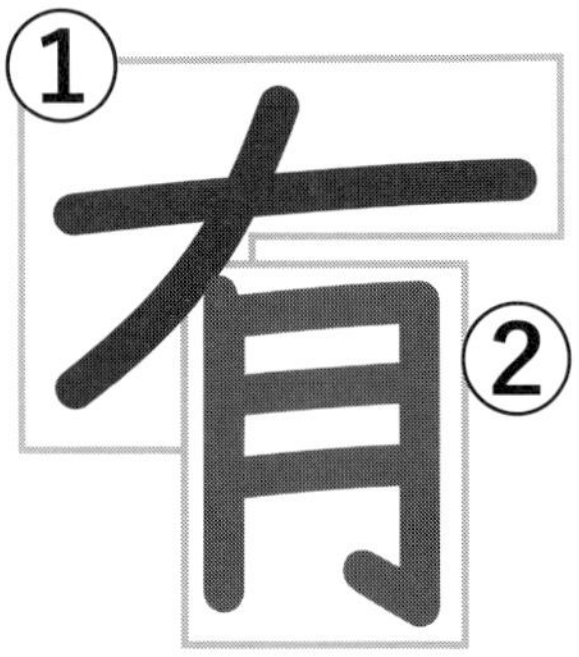

◆あ－る
ユウ、ウ
●そうした考《かんが》え方《かた》も有（あ）る。
有名（ゆうめい）
アレルギーの有無（うむ）を書《か》く。

遊

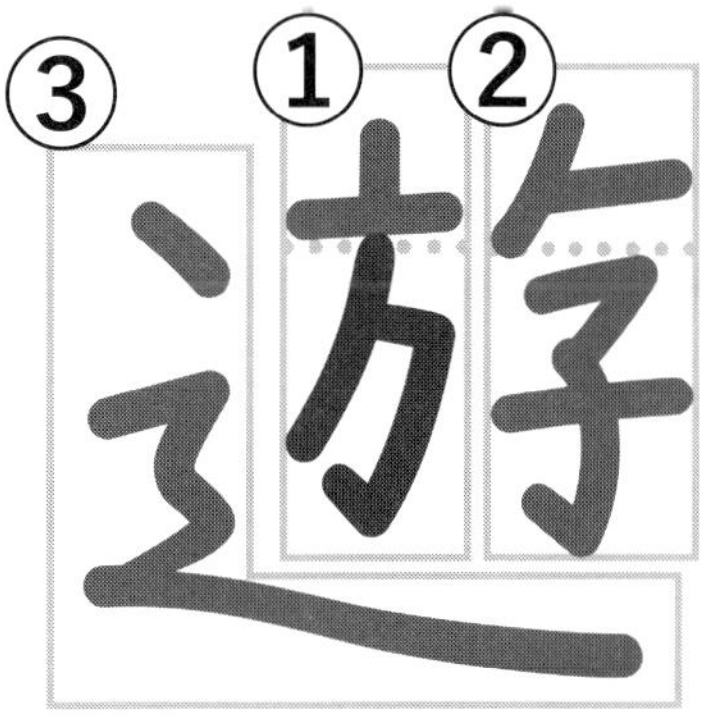

◆あそ－ぶ

ユウ、ユ

●ゲームで遊（あそ）ぶ。

遊園地（ゆう えん ち）

物見遊山（もの み ゆ さん）

＝いろいろなところを見《み》て回《まわ》り遊《あそ》び歩《ある》くこと。

予

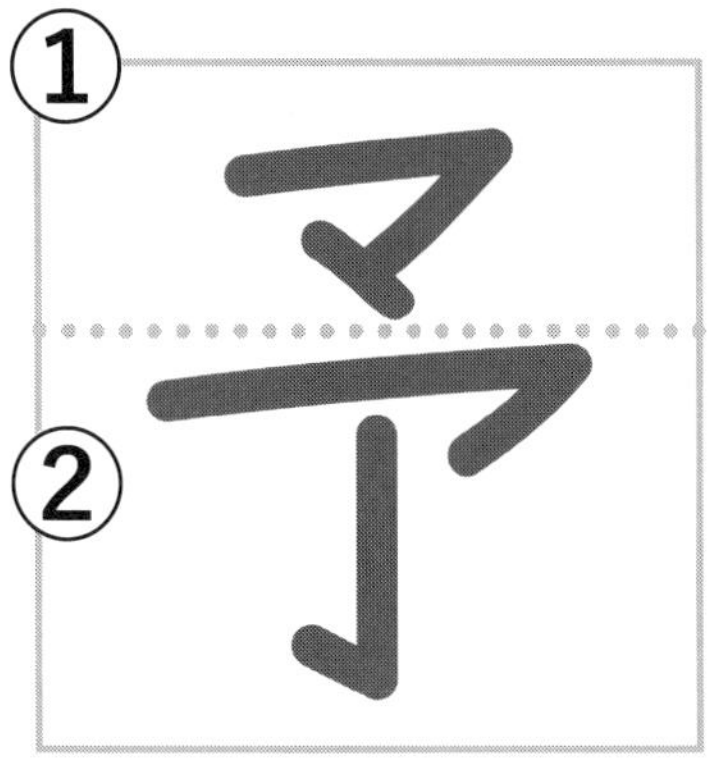

◆あらかじ－め

ヨ

●予（あらかじ）め準備《じゅんび》する。

予想（よ　そう）

明日《あした》の予習（よ　しゅう）をする。

羊

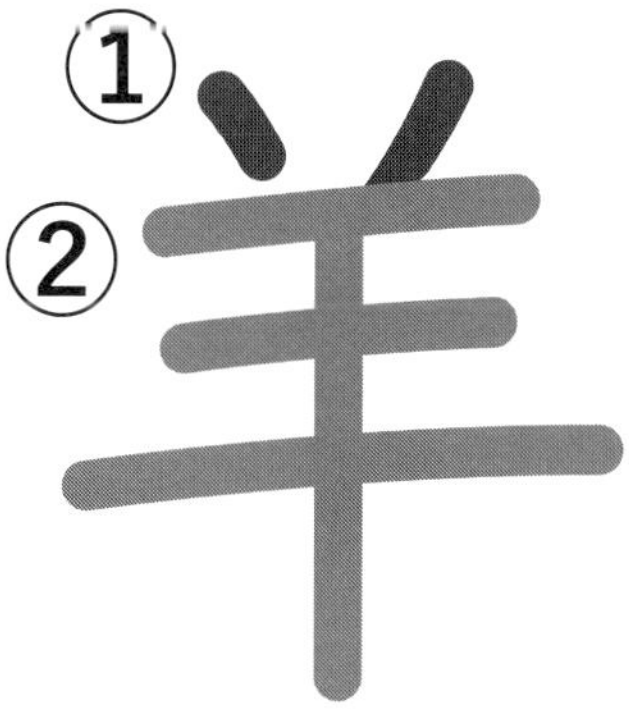

◆ひつじ

ヨウ

●羊（ひつじ）の群《む》れ

羊毛（ようもう）のふとん

洋

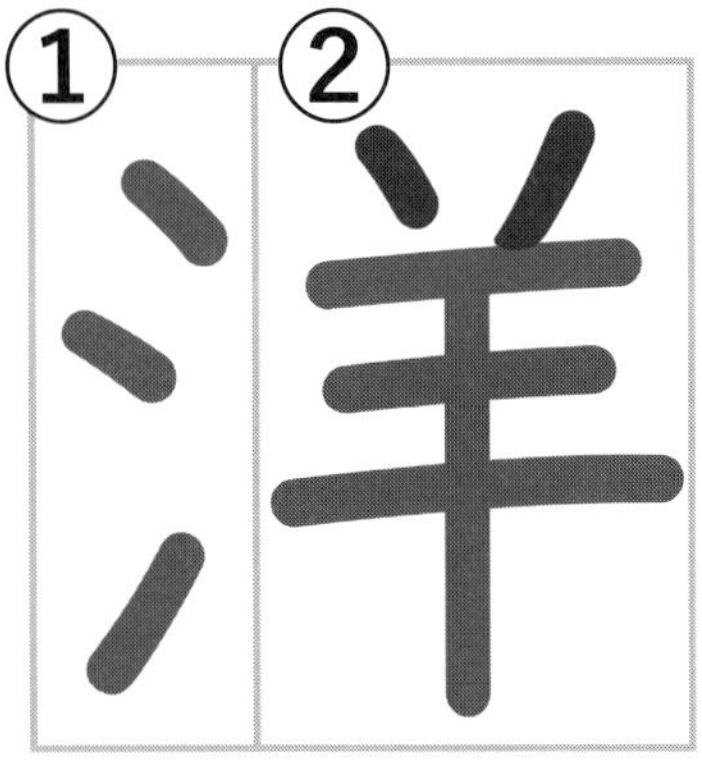

大《おお》きな海《うみ》

◆ ―

ヨウ

●太平洋（たいへいよう）

洋服（ようふく）

西洋（せいよう）と東洋（とうよう）

葉

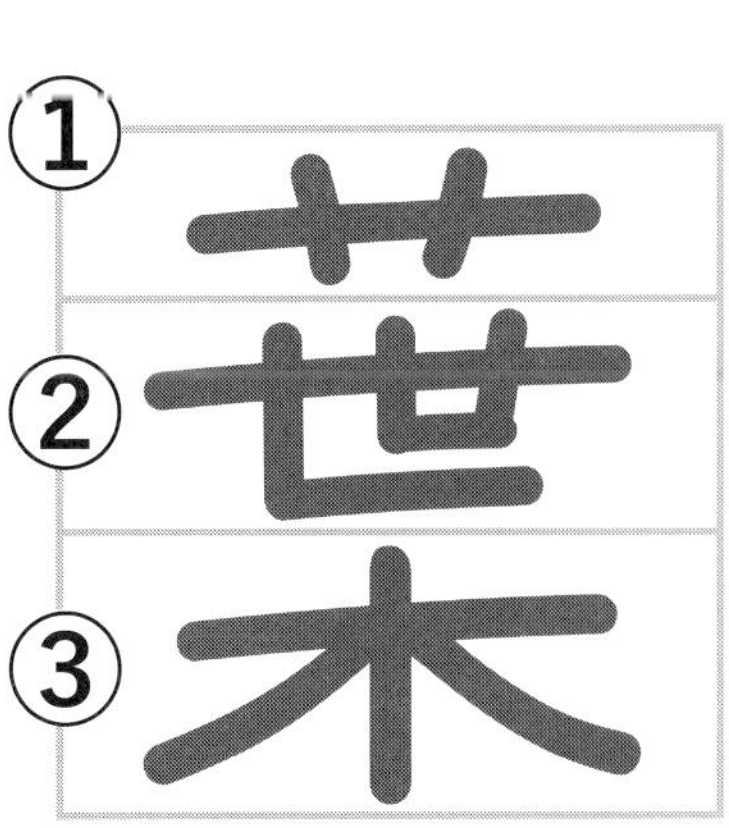

◆は

ヨウ

●木《き》の葉（は）っぱ

いちょうの葉（は）が黄《き》色《いろ》くなる。

紅葉（こうよう）

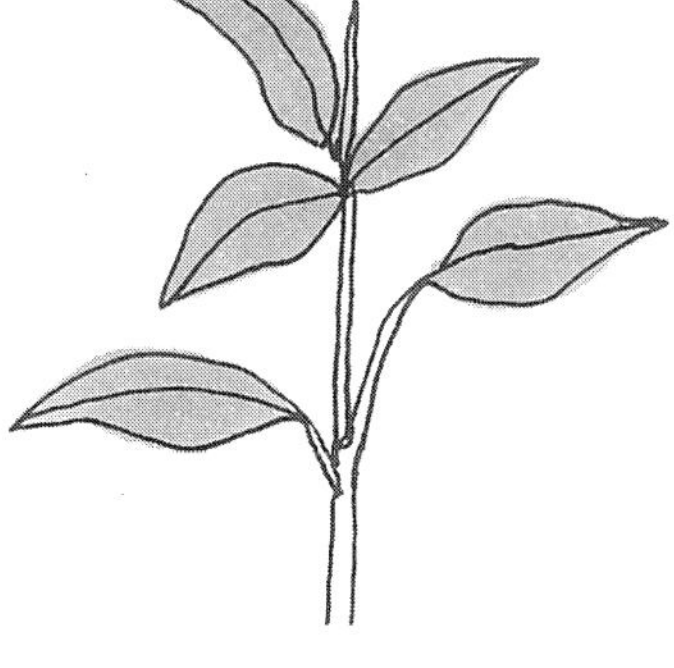

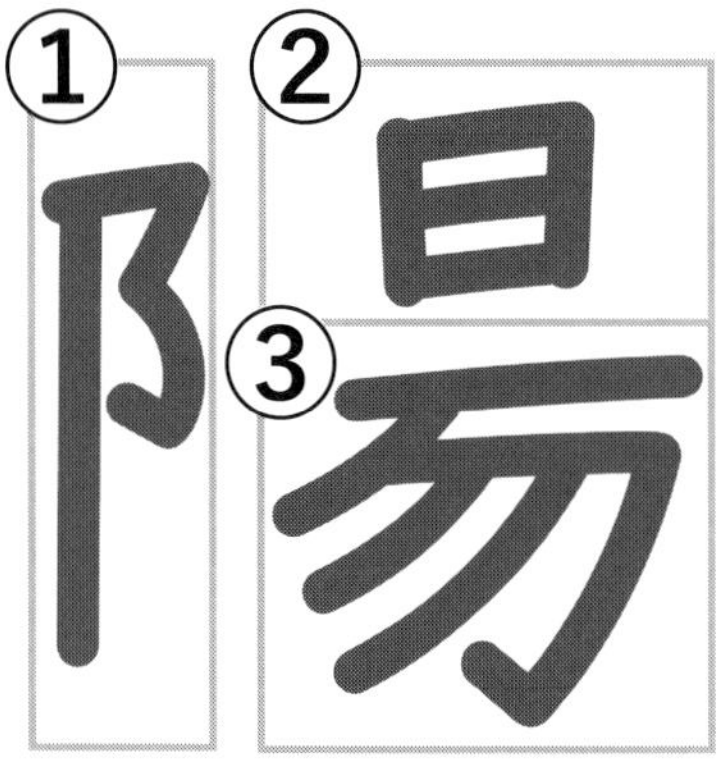

陽

日《ひ》の光《ひかり》／プラス

◆ ―

ヨウ

● 太陽（たいよう）

陽気（ようき）な性格《せいかく》

様

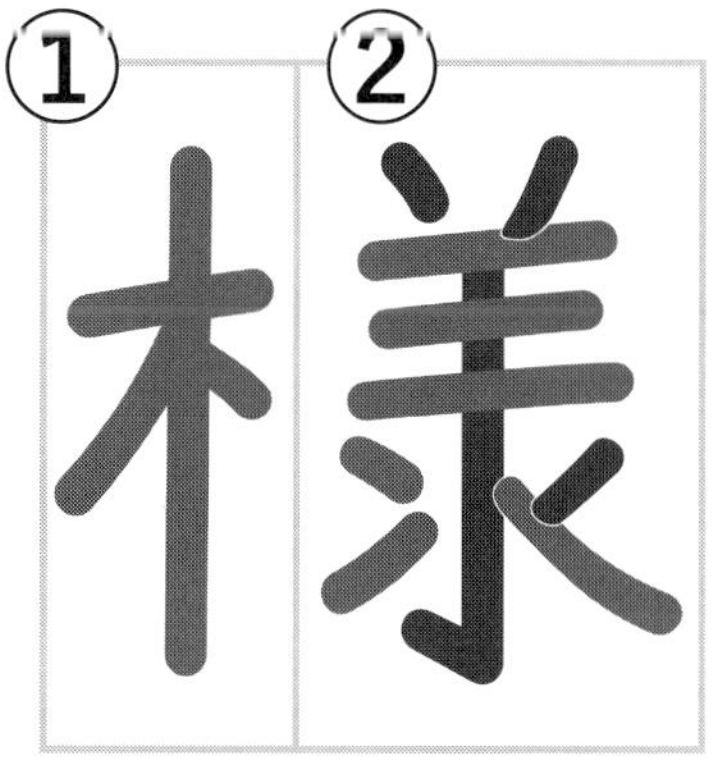

◆さま
ヨウ
●王様（おうさま）のいる国《くに》
様子（ようす）を見《み》る。

落

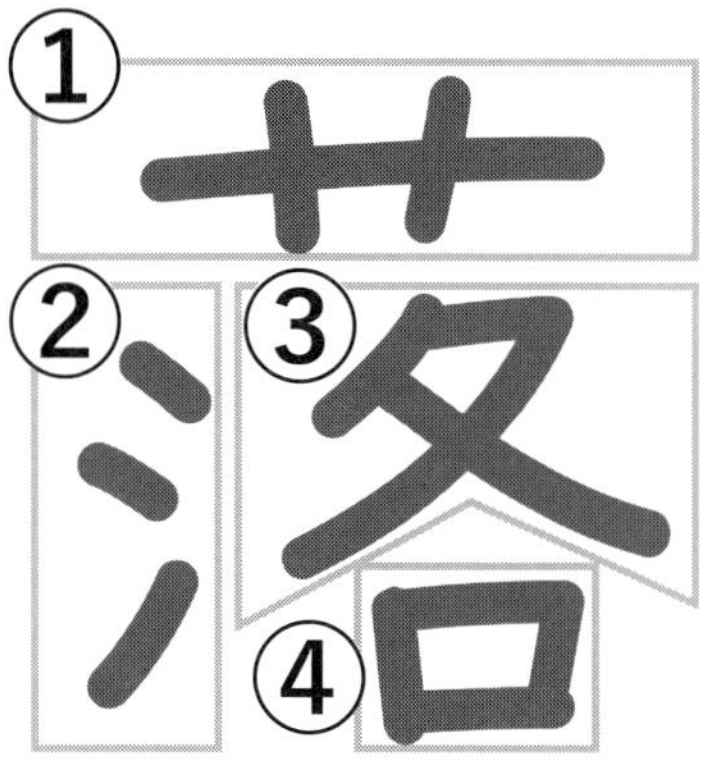

◆おーちる、おーとす
ラク

●木《き》の実《み》が落（お）ちる。
ハンカチを落（お）とす。
段落（だんらく）

流

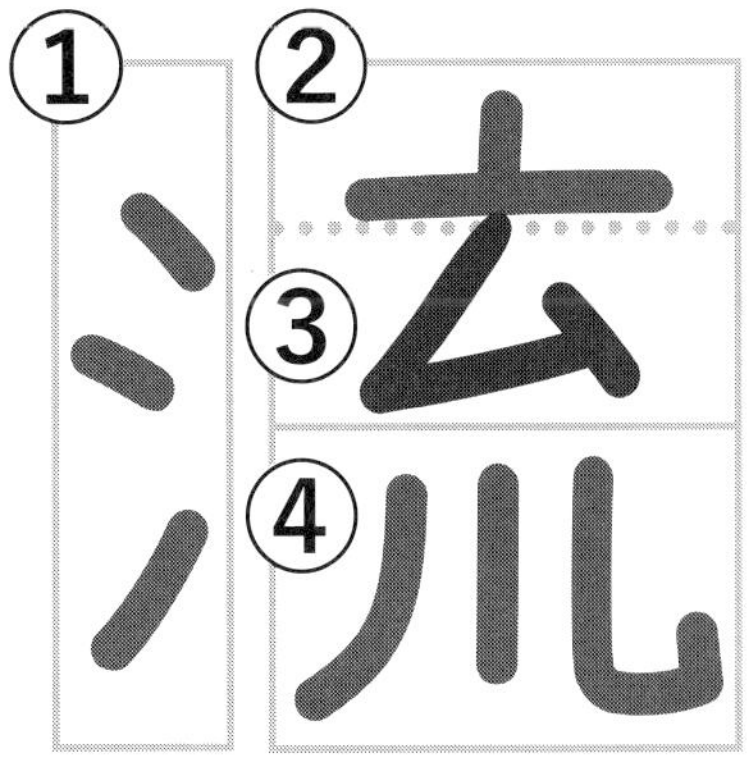

◆なが-れる、なが-す

リュウ、ル

●川《かわ》が流《なが》れる。

水《みず》に流《なが》す。

電流（でんりゅう）

流転（るてん）

＝限《かぎ》りなく移《うつ》り変《か》わっていくこと。

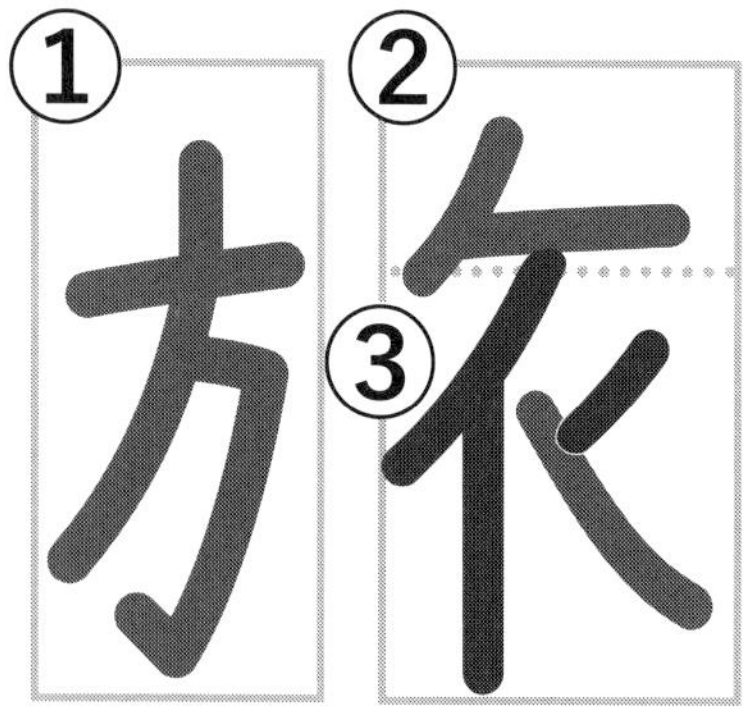

旅

◆たび

リョ

●旅（たび）に出《で》る。

旅行（りょこう）

両

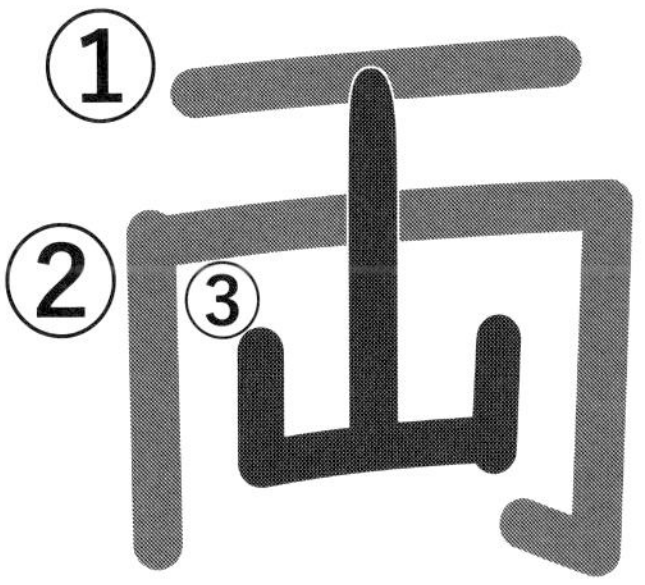

◆ ——

リョウ

● 両方（りょうほう）

車両（しゃりょう）

対《つい》になっている二《ふた》つ

緑

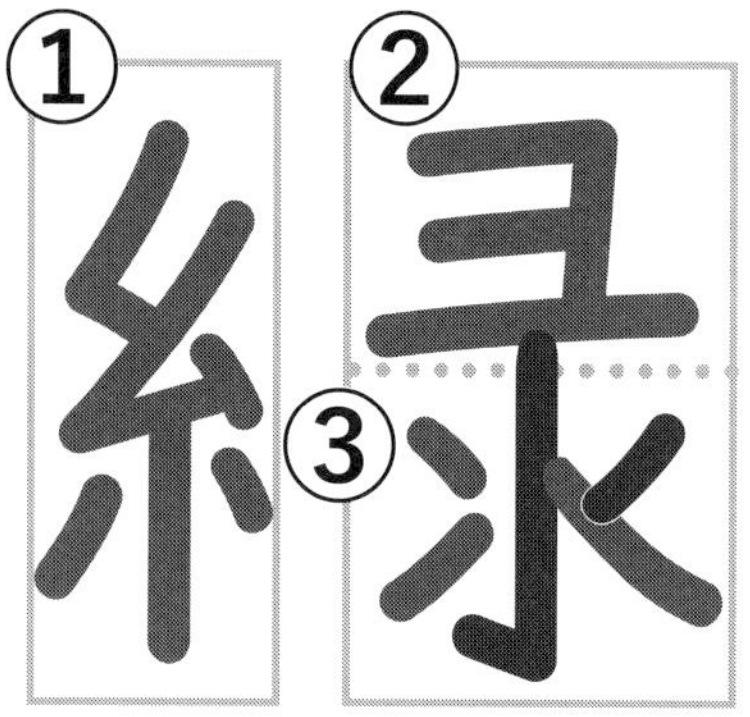

◆みどり

リョク、ロク

●緑（みどり）の草原《そうげん》が広《ひろ》がる。

緑色（みどり　いろ）の絵《え》の具《ぐ》

緑茶（りょく　ちゃ）

新緑（しん　りょく）

緑青（ろく　しょう）

＝銅《どう》にできる青緑色《あおみどりいろ》のさび

礼

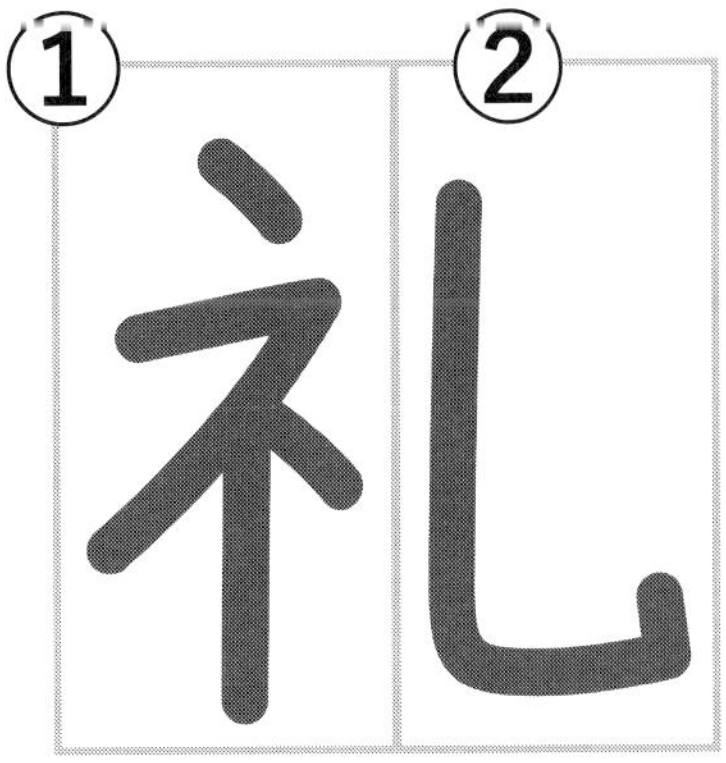

◆ —

レイ、ライ

●月曜日《げつようび》の朝礼（ちょう　れい）

失礼（しつ　れい）のないように話《はな》す。

大切《たいせつ》に敬《うやま》い感謝《かんしゃ》する

列

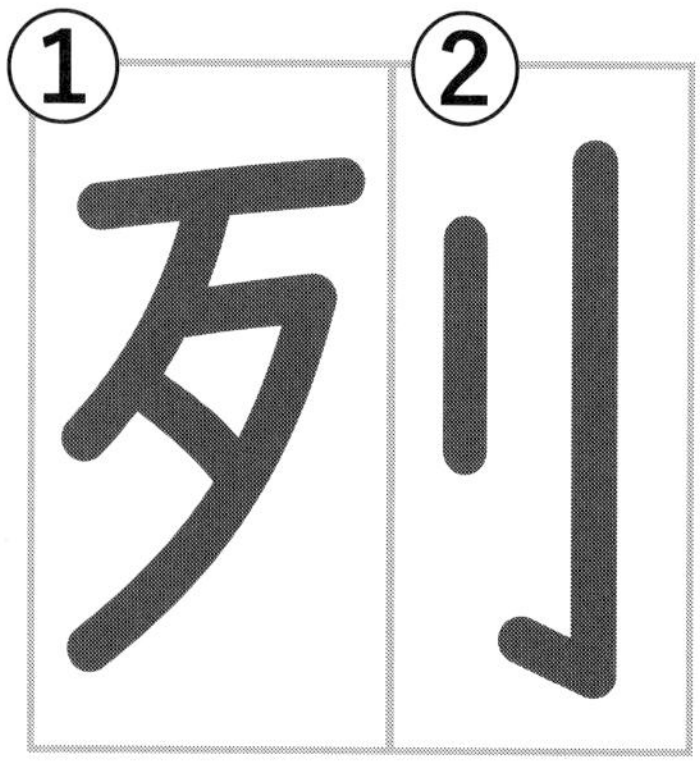

つらなる／ならび

◆ ――

レツ

● 行列（ぎょう れつ）

列車（れつ しゃ）

列（れつ）に並《なら》ぶ。

練

① 糸 ② 柬

◆ねーる

レン

●計画《けいかく》を練（ね）る。

練る＝さらによいものにするために何度《なんど》も考《かんが》えたり、手《て》を加《くわ》えたりする。

ピアノの練習（れんしゅう）

よいものにねりあげる

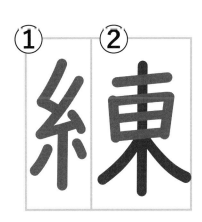

路

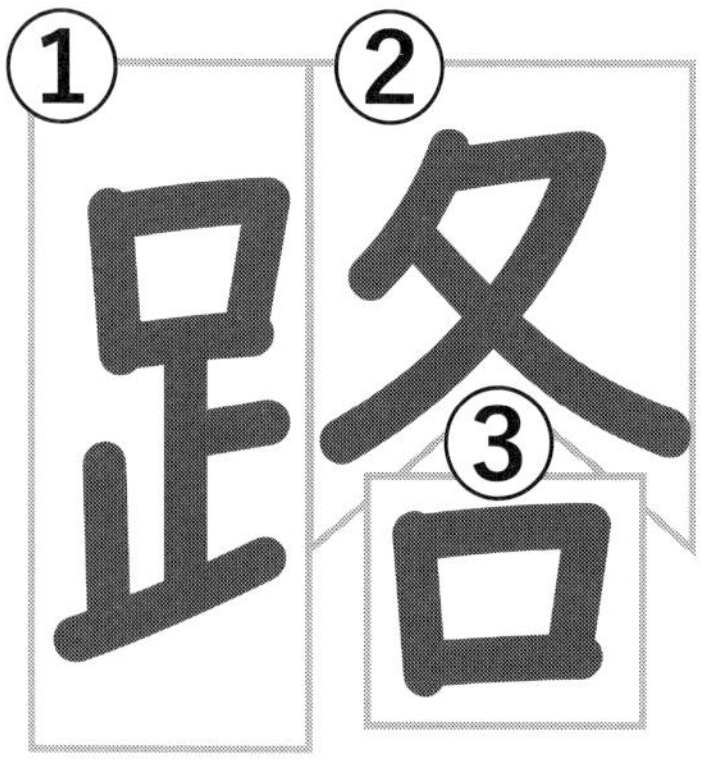

みち

◆じ

ロ

●家路（いえじ）につく。

道路（どうろ）

和

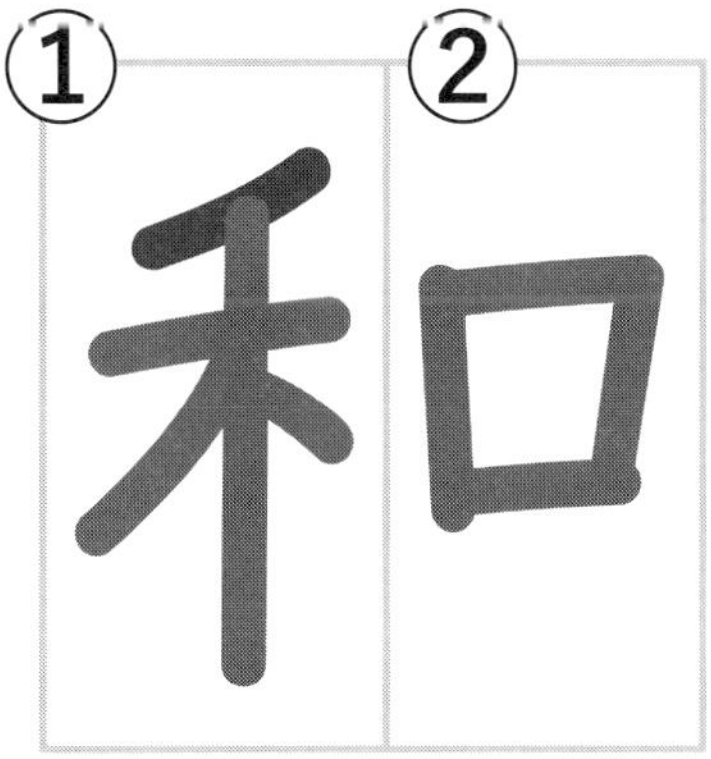

◆やわ-らぐ、やわ-らげる
なご-む、なご-やか
ワ、オ

●暑《あつ》さが和（やわ）らぐ。
痛《いた》みを和（やわ）らげる。
心《こころ》が和（なご）む。
和む＝気持《きも》ちをやわらげる・静《しず》める。
和（なご）やかなパーティー
平和（へいわ）

―大きな文字でわかりやすい―

小学生で習う漢字1026字

【3年　200字】

2023年11月1日初版発行

［発行・編集製作］
有限会社 読書工房
〒171-0031
東京都豊島区目白2-18-15
目白コンコルド115
電話：03-6914-0960
ファックス：03-6914-0961
Eメール：info@d-kobo.jp
https://www.d-kobo.jp/

［表紙・本文デザイン］
諸橋 藍

［フォント製作］
有限会社 字游工房

［本文イラスト］
近藤理恵

［表紙キャラクターデザイン］
森 華代

［内容構成に関する助言・内容チェック］
大隅紀子
三宅洋信

［用例作成・校正協力］
石井裕子
國方滋美

［用紙］
株式会社 西武洋紙店

［印刷製本］
株式会社 厚徳社

［出版助成］
一般財団法人 日本児童教育振興財団